Horst Scheibert

Forellen in kleinen Bächen

Verhalten, Besatz, Hege, Fang

BLV

CIP-Titelaufnahme der Deutschen Bibliothek

Scheibert, Horst:
Forellen in kleinen Bächen: Verhalten, Besatz, Hege, Fang/
Horst Scheibert. – München; Wien; Zürich; BLV, 1990
(BLV Angel- und Sportfischerpraxis)
ISBN 3-405-14029-3

Bildnachweis:
Fotos: Dr. Lehnhardt S. 43, 67,97, 102
E. Marek S. 45
alle übrigen Fotos vom Verfasser

Titelfoto: Horst Hansen
Zeichnungen: Kartographie Huber

BLV Verlagsgesellschaft mbH
München Wien Zürich
8000 München 40

Satz: Compusatz GmbH, München
Druck und Bindung: Wagner GmbH, Nördlingen

Printed in Germany · ISBN 3-405-14029-3

Inhalt

Ein guter Wurf – da hier genügend Raum.

Vorwort

Forellen – in diesem Buch werden darunter Bachforellen, Regenbogenforellen und zur Vereinfachung auch die nahe verwandten Bachsaiblinge verstanden – sind schöne und edle Fische. Es wird aber über sie viel Falsches verbreitet. Teils sind es alte, längst überholte, aber immer wieder übernommene Behauptungen, teils Verallgemeinerungen von Einzelbeobachtungen dieser wandlungsfähigen Gesellen. Soll aber ein kleiner Forellenbach richtig gehegt werden, müssen das Verhalten dieser Fische in diesem Biotop und die besonderen Gegebenheiten dieser Gewässer bekannt sein. Hierzu soll diese Arbeit dienen. Die folgenden Ausführungen beruhen auf jahrzehntelangen Beobachtungen von Bächen der deutschen Mittelgebirgsregion.

Wie ich an gleichartigen Bächen im übrigen Deutschland, aber auch im europäischen Rußland, in Frankreich, Skandinavien und Spanien beobachten konnte, gelten meine hier niedergelegten Erkenntnisse – von regionalen Besonderheiten abgesehen und unter der Voraussetzung, daß die Bäche das ganze Jahr über genügend Wasser führen – auch wohl für ganz Europa. In stärkeren Gewässern, ab der Äschenregion, spielen noch weitere Faktoren mit und gelten somit etwas andere Gesetze.

Ich bemerkte schon frühzeitig, daß es sich beim Forellenbach um ein besonders interessantes, aber auch hochempfindliches Ökogebiet handelt, daß sich aber auch in den letzten beiden Jahrzehnten einiges gegenüber den Angaben in der Literatur und den landläufigen Meinungen geändert hat.

Diese Erkenntnis ließ mich in den letzten Jahren viele Tabellen führen und Forellen markieren, um Ahnungen zu festigen oder auch zu verwerfen. Schließlich griff ich zur Feder, um alles einmal festzulegen. So entstand unter anderem dieses Büchelchen, das vielleicht Widerspruch erweckt, aber begründet geschrieben worden ist.

Als Pächter, aber auch Betreuer anderer Lose und Gastfischer hatte ich die Möglichkeit von Los-Vergleichen in einem wohl seltenen Umfang. Daneben fand ich viel Hilfe durch den Fischereidezernenten beim Regierungspräsidenten in Darmstadt, Herrn Regierungsdirektor Dr. Rameil sowie Herrn Forstdirektor i. R. Feuerborn und den Herren Forstoberräten Hinder, Dr. Kalbhenn und Schäfer. Außerdem halfen mir die Herren Fries, Dr. Thomas Lehnhardt, Dr. Walter Lehnhardt, Hadamar, Mr. Rippier, Dr. Schroeder, Wiesbaden, und Stähler, Niederzeuzheim. Ihnen allen danke ich besonders für Ihre Geduld, meine vielen Fragen zu beantworten.

Horst Scheibert

Der kleine Bach

Im Sinne dieses Buches zählen hierunter alle Gewässer, deren Sauerstoffgehalt und Nahrungsangebot Forellen Lebensmöglichkeiten bieten und folgende Eigenschaften besitzen: Sie dürfen im Winter nicht tiefer als 1,5 m und im Sommer auf längere Strecken nicht flacher als 10 cm sein, eine Breite bis höchstens 6 m haben, nicht nur durch Waldungen, sondern auch durch Wiesen führen und sich nicht total durch Abwässer verschmutzt zeigen. Sie sollten nicht auf längere Strecken künstlich begradigt und mit Steinen ausgefüttert sein, neben kleineren Schnellen (Rollen) auch ruhiger fließende Abschnitte und Gumpen (Kolke) aufweisen und auch im Sommer noch so viel gutes Wasser bringen, daß trotz des zumeist konstanten Abwässerzuflusses genügend Sauerstoff verbleibt. Auch kiesiger oder sandiger Untergrund muß vorhanden sein, ebenso viel Wurzelwerk, überhängende Uferböschungen und Pflanzenbewuchs, um den Forellen Deckung zu bieten.

Diese Bäche, deren Ufer zumeist von Weiden, Erlen, Haselnuß, Binsen, Brennesseln, Schlingpflanzen und anderen Gewächsen bewachsen sind, gibt es in großer Zahl. Sollten sie keine Fische zeigen, weil in ihnen eine vorübergehende Verschmutzung zum Fischsterben führte, regenerieren sie sich schnell; insbesondere wenn durch richtigen Besatz nachgeholfen wird. Auch leicht verschmutzte Bäche, deren Verschmutzungsgrad am oberen Lauf einen natürlichen Nachwuchs nicht mehr ermöglicht, können durch Besatz wieder zum Fischwasser werden. Leider haben aber die Fische dieser Bäche zumeist ein »Geschmäckle« nach den jewei-

ligen Abwässern. Sie wachsen zwar gut – oft besser als in sauberen Bächen – heran, sind aber nur im Frühjahr nach stärkerem Winterwasser genießbar.

An diesen Bächen werden immer Sorgen haften, wie das verbotene Einleiten von Abwässern – vor allem Jauche oder Silo-Sickersäfte – das Absinken des Grundwasserspiegels wegen vermehrten Wasserverbrauchs im Erfassungsgebiet und direkte starke Wasserentnahme (z.B. Gärtnereien) im Sommer. Auch gehören dazu ein zu trockener Sommer, Verrohrungen, die ab 20 Meter länge keine Forelle mehr durchschwimmt und somit Laichforellen nicht mehr in die darüber gelegenen Bachabschnitte gelangen lassen, sowie fehlendes Schmelzwasser in zu warmen oder trockenen Wintern, wodurch sich die Gumpen mit Faulschlamm anfüllen. Sorgen bereiten die immer zahlreicher werdenden Fischteiche, die das Wasser der Zuflüsse verdunsten (pro Hektar und Sekunde ein Liter), versickern und zu stark erwärmen lassen. Aber auch mit dem Ableiten der Abwässer in tiefer gelegene Sammel-Kläranlagen ist zu erwarten, daß schmälere Bachabschnitte zu fischleeren Rinnsalen werden. Und schließlich gibt es immer wieder Ärger, wenn bei Brückenbauten im Zuge des Grünen Plans oder auf Wunsch der Anlieger unsinnige Gewässerbegradigungen und Ausfütterungen mit Natur- oder Kunststeinen vorgenommen werden. Das Wasser fließt schneller ab mit der Folge des Grundwasserabsinkens. Diese Strecken sind für Jahrzehnte tot.

Andererseits bestehen Hoffnungen für heute noch verschmutzte Bäche, durch die überall geplanten oder schon im Bau befindlichen Verbandskläranlagen, daß ei-

Hier ist es schon schwieriger, wenngleich das Wasser künstlich gestaut und tiefhängende Äste zuvor entfernt worden sind.

Wo bleibt der Biß? – Na endlich!

nes Tages die Fische mit dem »Geschmäckle« wieder genießbarer oder bisher tote Gewässer wieder zu Fischwassern werden – wenn auch nur für stärkere Gewässer zutreffend.

Es muß aber klar gesehen werden, daß neben den Verschmutzungen auch der Wasserstand mit seinen Schwankungen entscheidender Faktor für diese Bäche ist. Wird das Wasser zu gering, gibt es keine Forellen darin. Sind die Schwankungen zu stark, sind sie dort nur im Winter und Frühling zu finden.

Alle kleinen Bäche haben ihre Individualität; Gebirgsbäche sind anders als die des Flachlandes – dazwischen liegen die der Mittelgebirgsregion. Sie unterscheiden sich hauptsächlich durch das Futterangebot, den Wasserschwankungen, durchschnittliche Verschmutzungsgrade und den Uferbewuchs. In flacheren Gegenden werden die Forellen größer als in reinen Gebirgsbächen, letztere schmecken jedoch besser. Innerhalb eines Baches zeigen sich weitere Unterschiede. So sind die Pachtabschnitte der Quellregionen anders als die weiter abwärts liegenden. Entscheidend sind auch die Zahl der oberhalb des Abschnittes liegenden Dörfer oder ob zum Abschnitt ein kleinerer, das ganze Jahr über Wasser führender Zufluß gehört.

Unsere kleinen Bäche sind – wie wohl schon erkennbar – sehr empfindlich gegen Verschmutzungen – sie verkraften größere Mengen, eine Verringerung ihres guten Wassers und jede künstliche Veränderung des Bachlaufes und -bettes nicht.

Daneben sind sie durch den natürlichen Wandel der Jahreszeiten starken Schwankungen ausgesetzt. Viele und große Unsicherheitsfaktoren sind die Folge. Eine nur geringe zusätzliche Verschmutzung kann bereits belastete Bäche, insbesondere wenn sie im Sommer weniger Wasser führen, zum Umkippen bringen oder es kann ein trockener Sommer in oberen Losen den Fischbestand für Jahre zerstören.

Sind wir Pächter eines Baches oder eines Teiles davon, und haben wir uns – wie weiter unten beschrieben – von seiner Brauchbarkeit als Salmonidengewässer überzeugt, stehen wir vor der Frage nach seiner sportlichen Nutzung.

Es gibt zwei Möglichkeiten: Entweder ich baue den Bach zu einem reinen Gewässer der Fliegenfischerei aus oder ich lasse ihn, wie ihn die Natur mir zeigt und angle je nach Möglichkeit oder Zwang mit der Fliege, dem Blinker oder der Treibangel.

Die Fliegenfischerei ist nur dort durchführbar, wo es mir die räumlichen Verhältnisse am Bach erlauben. Ich benötige hierfür hinter und über meinem Standort vier Meter, in Richtung Wurf möglichst noch mehr und eine Mindestwasserbreite von 2,5 Meter. Bei dem starken Bewuchs unserer kleinen Bäche gibt es hierfür nur wenige Stellen, insbesondere an den oberen Losen. Man kann sich aber durch Ausschlagen des Gehölzes diese Strecken künstlich schaffen. Gleichzeitig empfiehlt es sich, längere Staustufen anzulegen, um etwas breiteres und ruhigeres Wasser zu erhalten und den Forellen mehr Raum zu geben. Darüber wird weiter unten berichtet werden. Alles aber ist eine nicht zu überschätzende Arbeit, die dauernder Überprüfung bedarf. Hierfür eigenen sich vorrangig die unteren Lose der hier beschriebenen Bäche. Außerdem bieten sie den Graureihern nicht so günstige Fangplätze.

Bei der anderen Möglichkeit wird dort nur zur Fliegenrute gegriffen, wo die Natur es erlaubt oder ohne größere Arbeit Voraussetzungen geschaffen werden können. Die größeren Gumpen gehören hierbei auch ab und an dem Blinker, und zur Treibangel wird nur dort gegriffen, wo die beiden anderen Fangarten wegen zu starken Bewuchses, zu geringer Wassertiefe und Gewässerenge nicht anwendbar sind. In diesen Fällen ist es nicht nötig, die natürlichen Verhältnisse am Bach zu ändern, zumal diese Bäche oft noch eine völlig unverfälschte Ur-Natur – wenn auch nur in einem schmalen Streifen an den Ufern – zeigen. Das ist auch der Grund, warum sich

Hier ist wegen zu geringer Gewässerbreite und starken Bewuchses ein Fliegenfischen nicht mehr möglich – es sei denn mit Nymphe oder Naßfliege im Treibverfahren.

Unter diesem Gehölz beginnt der Gumpen, und dort steht immer eine. An kleinen Bächen sind kürzere Fliegenruten von Vorteil.

Möglichkeiten für Hänger gibt es reichlich.

an ihnen eine Vogel- und Kleintierwelt erhalten hat, wie sie nur noch an wenigen anderen Stellen unserer zersiedelten und landwirtschaftlich so stark genutzten Welt zu finden ist.
Die zweite Möglichkeit – sie gilt in erster Linie für die schmalen Gewässer der oberen Lose – ist somit weniger mit Arbeit am Bach verbunden: Man läßt alles so, wie es die Natur geschaffen hat oder sich durch plötzliche Gewitterregen, Ablassen von Teichen etc. und durch die Frühjahrsschmelze ja nach Wassermenge und Wucht öfter bzw. jährlich ändert. Diese zweite Möglichkeit ist auch auch eine sehr sportliche Art. Nur wer nach manch vergeblichen Wurf es verstanden hat, die Fliege oder den Blinker unter diesen schwierigen Verhältnissen oft unter den über dem Wasser hängenden Ästen hindurch an die Stelle zu setzen, wo eine Forelle steigt oder vermutet wird, und nur wer die Kämpfe mit Hängern über und unter dem Wasser kennt, kann das verstehen. Hierzu gehört auch das Anschleichen an kleinere Rinnsale, um in ihnen mit der Treibangel eine tiefere Stelle durch Wasserpflanzen, Wurzelwerk und Erlen und Steine unter überhängendem Ufergewächs zu erreichen, und nicht zuletzt auch der Kampf gegen Brennesseln, Dornen, Gestrüpp, Schlingpflanzen und anderen Bewuchs, um an seinen im Sommer fast zugewachsenen Bach zu gelangen.

Es sollte an diesen Gewässern der Grundsatz herrschen: An erster Stelle soll das Flugangeln stehen, das Spinnangeln, wo es nicht mehr mit der Fliege geht und die Treibangel nur, wo Fliege und Blinker nicht möglich und sie somit zwingend notwendig ist.

Forellen und ihr Verhalten

Alle Salmoniden, und damit auch die hier beschriebenen Bachsalmoniden, sind torpedoförmige, im Querschnitt fast runde Fische mit sehr kleinen Schuppen und an den Körperseiten hellen, dunkleren, schwarzen und zuweilen auch roten Flekken. Sie haben alle eine kräftige Bezahnung und tragen zwischen der Rücken- und Schwanzflosse die ihnen eigene kleine Fettflosse.
Die meisten von ihnen sind zum Meer drängende (anadrome) Wanderfische, die kleineren Arten (Bachforellen) sind dagegen standorttreu (stationäre). Salmoniden sind so wandlungsfähig nach Farbe und dem Vermögen, sich in Richtung Riesenwuchs oder Kümmerformen zu entwikkeln, daß bis heute der Streit noch nicht beendet ist, wer nur eine Modifikation oder schon eine Art ist. Sie sind fast alle untereinander fortpflanzungsfähig.

Unter Bachsalmoniden im Sinne dieses Buches sind zu verstehen:

- die in ganz Europa verbreitete und beheimatete *Bachforelle*
- die aus dem Westen Nordamerikas stammende *Regenbogenforelle*
- der ursprünglich nur im Osten Nordamerikas lebende *Bachsaibling*, der der Bachforelle ähnlicher als der Regenbogenforelle ist.

In unseren kleinen Bächen finden sich zumeist nur diese drei Salmonidenarten bis zu einer Größe von 1 000 Gramm; kurz vor, zur und nach der Laichzeit (Winter) sind in ihnen jedoch auch weitaus größere – bis zu zwei Kilo schwere – zu finden. Weiter abwärts in breiteren Bächen halten sich die größeren Forellen auch das ganze Jahr über auf.

Bachforelle

Nach Kennzeichnung und Farbe weist sie ein großes Variationsvermögen und wohl auch Abarten auf. Die folgende Beschreibung gibt nur über die am häufigsten angetroffenen Formen und Farben Aufschluß.

Kennzeichen

Torpedoförmig, seitlich etwas zusammengedrückt, schlank und langgestreckt oder gedrungener – ja nach Umweltbedingungen und wohl auch Abstammung wechselnd. Schnauze spitz (meist) bis stumpf; Maul bis hinter die Augen gespalten. Bei älteren männlichen Bachforellen kommt es oft zu einem Unterkieferhaken. Das Maul ist mit zahlreichen, leicht gekrümmten, kegelförmigen Zähnen bespickt. Wie auch bei allen anderen Forellen ist ihre Schwanzflosse in der Jugend etwas eingebuchtet, im Alter fast gerade. In den hier beschriebenen Bächen wird sie je nach Nahrungsangebot 25 bis 45 cm groß. Sie liegt damit unter der Regenbogenforelle und etwa gleichartig zum Saibling. Bei gleichem Futterangebot wächst sie jedoch langsamer als die beiden anderen. In größeren Gewässern kann sie 80 cm und größer werden.

Farbe

Je nach Standort wechselhaft. Es kommt dadurch fast immer vor, daß im selben Bach unterschiedliche Färbungen auftreten. Meist ist der Rücken schwarz oder dunkeloliv bis bräunlich. Die Seiten sind heller, der Bauch am hellsten gefärbt, beides in gelber bis goldener Tönung. Auf den Seiten sind schwarze (können aber auch fehlen), braune (olive) und rote Punkte. Letztere sind zumeist von einer weißlichen bis hellblauen Zone umsäumt.

Wie alle Forellen zeigt auch sie in der Jugend bis zur ersten Laichreife sechs bis neun dunklere Querstreifen – mehr oder weniger ausgeprägt.

Lebensraum

Sie ist in ganz Europa bis zum Ural vertreten. Es gibt sie auch in Nordafrika und Kleinasien. In Nordamerika, dem südlichen Afrika, Indien und Neuseeland – um nur die wichtigsten Länder zu nennen – ist sie in geeigneten Gewässern – im Sommer kühl, im Winter nicht bis zum Grund frierend – eingebürgert worden. In Fließgewässern und Seen mit kühlem, sauerstoffreichen Wasser ist sie vom Tiefland bis zu Höhen von 2 500 m zu finden. Regionen mit Kies-, Geröllgrund und Deckungsmöglichkeiten werden bevorzugt.

Verhalten

Die Bachforelle ist ein Standfisch, der nur wandert, wenn das Nahrungsangebot und der Jagdraum für seine Größe nicht mehr ausreichend ist. Sie sucht dann bessere Standorte stromabwärts, um erst in der Laichzeit wieder aufzusteigen und in den Quellgebieten auf kiesigem Grund in selbst geschlagene Gruben abzulaichen.

Hierbei nimmt sie auch Hindernisse (Senkrecht-Wehre) von über einem halben Meter Höhe – schräge Wehre je nach Winkel noch höher – und übertrifft hierin die beiden anderen Arten. Ihre Wanderung beginnt zum Teil bereits im August und dauert – immer schneller werdend – bis No-

Endlich wieder eine gute Stelle zum Werfen.

Bachforelle – 44 cm!

vember. Das ist der Grund für Fänge von großen Bachforellen im Herbst. Ihre Hauptlaichzeit währt vom November bis in den März. Ist das Wasser durch winterliche Regen-und Schneefälle nach dieser Zeit höher, bleiben die größeren noch etwas länger in den oberen Teilen der Bäche. Hierdurch wird zu Beginn der Fangzeit noch im Quellgebiet manch große Forelle gefangen. Es gibt bei ihr wie bei allen Salmoniden Früh- und Spätlaicher.

Mit Regenbogenforellen und Saiblingen verträgt sie sich so lange, wie sie auch die eigene Art neben sich duldet. Wie alle anderen Forellen wird auch sie spätestens im dritten Jahr zum Einzelgänger, der dann bei entsprechender Größe in Bächen der hier beschriebenen Art auf bis zu 10 m Bachlänge keinen anderen Fisch duldet und zum Kannibalen wird.

Man sollte daher auf jeden Fall alle großen Raubforellen (ab 35 cm) dem Bach entnehmen. Anderenfalls kommen der Nachwuchs und Besatz (kleinerer Forellen) nicht hoch, da es für sie in den kleinen Bächen kein Entrinnen gibt.

Die Bachforelle ist sehr mißtrauisch und hält sich grundsätzlich in Deckungen auf – im Gegensatz zu beiden anderen Arten. Nur zur Nahrungsaufnahme kommt bzw. schießt sie heraus, jedoch auch hierbei ist sie mißtrauischer als die anderen. Das führt dazu, daß von einem gemischten Bestand eines Gumpens zuerst der Saibling, dann die Regenbogenforellen an den Köder gehen und erst als letzte – wenn überhaupt nach der vorangegangenen Unruhe – die Bachforelle. Wegen dieser Standfestigkeit in Deckungen ist sie andererseits leichter mit der Hand zu fangen. In ihren Bewegungen schneller als ihre Vettern, kämpft sie an der Angel jedoch nicht so stark und beißt nach einem verfehlten Anschlag nur selten ein zweites Mal.

Ihre Empfindlichkeit gegenüber Verunreinigungen und hellem Licht ist groß und ihr Fleisch nimmt dann schnell einen schlechten Geschmack an. Regenbogenforellen sind da robuster. Das Fleisch der Bachforelle zeigt wie bei den anderen Salmoniden unterschiedliche Färbungen – von weiß bis kräftig orange. Dies ist von der Aufnahme bestimmter Kleinkrebse (Gammarus) abhängig, so daß die Färbungen nur in Gewässern mit diesen Flohkrebsen zu finden sind. Ihr Wachstum wird nicht nur vom Nahrungsangebot, sondern auch von der Wassertemperatur bestimmt. Je wärmer (18 Grad ist jedoch die obere Grenze) umso eher nimmt sie Futter, und je höher liegt ihr Zuwachs. So kann sie in guten Bächen schon nach zwei Jahren ein Gewicht von 200 Gramm aufweisen.

Nahrung

Hierin gleichen sich alle Bachsalmoniden. Sie nehmen Kleintiere aller Art und hierbei sowohl Wasser- als Luftnahrung. Größere Exemplare nehmen auch Fische – auch der eigenen Art. Pflanzliche Nahrung nur im Zusammenhang mit darauf befindlichen Schnecken oder Kleinkrebsen. Dazu kommen Nahrungsabfälle aller Art, einschließlich Brot werden diese besonders in ihren Freßperioden nicht verschmäht. Man findet die unwahrscheinlichsten Dinge in ihrem Magen.

Die Bachforelle hat aber auch Zeiten, in denen sie den schönsten Köder nicht nimmt. Inwieweit hier Tageszeit, Wetter oder Temperatur bestimmend sind, ist noch nicht voll geklärt. Sicher ist aber, daß – je größer der Fisch, umso mehr – die Dämmerungen beliebte Zeiten für Nahrungsaufnahme sind. Im Gegensatz zu einer weit verbreiteten Ansicht nimmt sie auch nachts, im Winter und zur Laichzeit Nahrung auf.

Sonstiges

Wegen ihres langsamen Wuchses und ihrer größeren Empfindlichkeit, speziell gegenüber warmem Wasser, wird sie in Teichen nur selten als Speisefisch gezüchtet. Ihre Zucht dient fast ausschließlich dem Ziel, Besatzfische zu gewinnen.

Sie vermischt sich mit den anderen beiden Arten in der Natur nur sehr selten; bei der Zucht ohne Schwierigkeiten. Das wird aber, da nur von wissenschaftlichem Interesse, selten gemacht. Ihre Fruchtbarkeit ist gegenüber ihren Verwandten geringer. Auf ein Kilo Lebendgewicht ist mit ca.1 500 Eiern zu rechnen.

Ihr Fang mit der Angel ist wegen ihres Mißtrauens, ihres guten Sehvermögens und ihrer besonderen Empfindlichkeit für Schwingungen, die sie alle Feinde schon von weitem spüren läßt, mit größeren Schwierigkeiten verbunden.

Regenbogenforelle

Kennzeichnung und Farbe

Auch sie ist äußerst wandlungsfähig in Form und Färbung; es spielen dabei wohl Abstammung und Umweltbedingungen eine Rolle. Im allgemeinen sind die Bachbewohner dunkler als die in den Zuchtteichen. In der Form ähnelt sie der Bachforelle; sie wirkt zuweilen etwas massiger und zeigt nicht deren schlanke Formen. Ihr Maul ist bis zum Hinterrand des Auges gespalten, bei älteren Männchen kommt es ebenfalls zum Lachshaken am Unterkiefer.

Ihr Rücken ist dunkelgrün bis oliv, die Seiten heller, der Bauch meist silberglänzend. Entlang den Körperseiten zieht sich ein mehr oder weniger breites rötliches bis purpurfarbenes Band.

Mit Ausnahme des Bauches ist sie mit unregelmäßigen schwarzen Flecken gesprenkelt. Diese Flecken sind besonders groß und dunkel bei denen, die in Bächen leben; bei Teichforellen treten sie dagegen so stark zurück, daß diese Fische fast gänzlich silberglänzend wirken. Das purpurfarbene Band verstärkt sich in der Laichzeit. Die unterschiedlichen Färbungen des Fleisches – bedingt durch entsprechende Nahrungsaufnahme – sind bei ihr besonders ausgeprägt.

Derartige Farbunterschiede (Regenbogenforelle) gibt es in einem Bach.

Lebensraum und Verhalten

In ihrer ursprünglichen Heimat, in Nordamerika, ist sie bereits in verschiedenen Stämmen zu finden. Diese unterscheiden sich nach geringerem oder stärkerem Drang zum Meer, nach Kopfformen und auch nach Färbungen. Es gibt dort aber auch Stämme, die den Drang zum Abwärtswandern verloren haben. Was heute in Europa gezüchtet wird, ist mit Sicherheit eine Mischung von allen, worauf wohl auch ihr unterschiedliches Verhalten und manche Formenunterschiede zurückzuführen sind.

Die Regenbogenforelle ist ein beliebter Teichfisch, da sie schneller wächst als die beiden anderen Arten, und höhere Wassertemperaturen (bis zu 24 Grad) verträgt. An der Angel kämpft sie am stärksten von allen Bachsalmoniden. Ihre Laichzeit und ihr Laichverhalten liegt etwas später als bei der Bachforelle, es gibt aber auch bei ihr Früh- und Spätlaicher, wohl bedingt durch verschiedene Stämme. Der Irideus-Typ laicht z. B erst im März/April. Auf ein Kilo Fischgewicht produziert sie rund 1 800 Eier.

Eine zweijährige Regenbogenforelle kann bis 300 Gramm erreichen. Im Bach liebt sie zwar auch Deckungen und hat jeweils eine nur für sich bestimmte. Diese Deckung sucht sie jedoch nur bei Gefahr auf. Die Regenbogenforelle ist sehr gefräßig und dabei ebenfalls von der Wassertemperatur abhängig. Bei der Nahrungsaufnahme ist sie etwas wählerischer als die beiden anderen Arten; erst ab dem dritten Jahr geht sie auch auf größere Fische, einschließlich der eigenen Art.

Man sagt ihr nach, daß sie weniger standorttreu sei als die anderen, speziell die Bachforelle. Meine Beobachtungen bestä-

tigen das nur soweit, daß eingesetzte große teilweise abwandern, kleinere aber, auch nach dem Heranwachsen, im Bach verbleiben. Das gilt auch für ihren natürlichen Nachwuchs.
Gegenüber der Bachforelle zieht sie weniger starke Strömungen vor und vermag mit weniger Sauerstoff auszukommen.
Sie ist auch weniger scheu als ihre beiden Vettern.

Bachsaibling

Kennzeichnung und Farbe

In der Form ähnelt der Bachsaibling durchaus der Bachforelle. Sein Maul ist jedoch noch weiter hinter die Augen gespalten und seine Schuppen kleiner, dadurch zahlreicher und kaum noch zu erkennen. Seine Schwanzflosse ist auch im Alter noch eingebuchtet. Auf dem Rücken ist der Bachsaibling dunkeloliv mit helleren Marmorierungen. Seine Seiten sind heller mit helloliven bis roten Punkten, wobei letztere fast alle eine bläuliche Einfassung haben. Der Bauch ist weiß bis orange; Männchen zeigen in der Laichzeit eine besonders lebhafte Färbung. Die Rückenflosse ist dann von dunklen Marmorierungen durchsetzt. Seine meist rötlichen Brust-, Bauch- und Afterflossen sind an den Vorderrändern mit stärkeren weißen und schwarzen Strichen besäumt.
In den hier beschriebenen Bächen wird er so groß wie die Bachforelle; anfänglich wächst er jedoch schneller. 30 cm lange Exemplare sind in diesem Gewässer selten, 25 cm kann er jedoch bereits am Ende des zweiten Jahres erreichen; noch größer wächst er sehr langsam.

Lebensraum und Nahrung

Seine Heimat ist der Osten Nordamerikas vom 32. bis 55. Breitengrad. Er zieht Quellgewässer vor und ist ein Standfisch wie die Bachforelle. Der Bachsaibling ist weniger auf Verstecke angewiesen und hält sich noch mehr als die Regenbogenforelle im freien Wasser auf. Er liebt das Licht und ist daher besonders in den nicht baum- oder strauchbestandenen freien Bachstellen – auch im flachen Wasser – zu finden. Gerade hierdurch ist er – zumal er sich in seiner Jugend auch in begradigten Gewässern aufhält – ein guter Ergänzungsfisch zu den beiden anderen. Außerdem zeigt er sich weniger ängstlich. Seine Laichzeit ähnelt der der anderen Bachsalmoniden; pro Kilo Gewicht legt das Weibchen rund 2 000 Eier an die gleichen Standorte wie Regenbogen- und Bachforelle. Auch seine Nahrung ist die gleiche. Mit der Angel ist er leichter als die anderen zu fangen; er kämpft stärker als die Bachforelle.
Alle drei Arten sind sich somit in ihrem Verhalten ähnlich, am unterschiedlichsten sind sie in ihrem Aussehen.
Zur Nahrung, Wuchs, Färbung und Verhalten aller bleibt noch folgendes zu bemerken:

Nahrung

Forellen sind Allesfresser mit einer eindeutigen Vorliebe zur Eiweißnahrung. In der kalten Jahreszeit und insbesondere während der Laichzeit verringern sie die Nahrungsaufnahme. Im Frühsommer hingegen sind sie am gefräßigsten. Trockennahrung (Insekten) nehmen sie nur, wenn auch die Flugzeiten der jeweiligen Insekten-Arten sind – also im Sommer – je wärmer, je gewitteriger, umso lieber. In nahrungsreichen Bächen steigen sie jedoch weniger nach Fliegen und anderen Insekten. Sehr gern nehmen sie Jungfische, kleine Krebse und Larven der Insekten, die ihre Eier im Wasser ablegen.

Der Bachsaibling – typisch die Marmorierungen auf dem Rücken, das große Maul und die weißen und schwarzen Striche an den Vorderrändern der Flossen. ▷

Ihr hoher Kalorienverbrauch im bewegten Wasser ist ein Grund für ihre Gefräßigkeit. Mit gleichfalls beliebter Nahrung wie Regenwürmer, Maden und Fleischstückchen aller Art, kann man daher bei etwas anglerischem Können und einiger Kenntnis des Verhaltens der Forellen kleine Bäche sehr schnell leerfischen. Forellen können so verfressen sein, daß sie mehrfach auf denselben Köder gehen, auch dann, wenn sie hierbei zuvor den Haken spürten. Das gilt insbesondere für den Bachsaibling.
Ich füttere die Forellen meiner Bäche mit allem, was an Eiweißnahrung in der Küche abfällt. Fast zu jedem Besuch der Bäche führe ich etwas davon mit, auch altes Brot. Auch die Reste meiner Köder – soweit nicht noch für folgende Angeltage brauchbar – wandern in den Bach; ebenso die Eingeweide der gleich am Bach gesäuberten Fänge. Alles wird gern genommen.

Wuchs und Färbung

Forellen können schnell oder langsam wachsen; entscheidend dabei ist das Futterangebot, der Sauerstoffgehalt und die Temperatur. Die des Wassers sollte für längere Zeit 20 Grad nicht überschreiten – dies gilt vor allem für die Bachforelle und den Bachsaibling. Der pH-Wert des Wassers muß zwischen sieben und acht liegen. In Teichen kann durch starke Fütterung und bei nicht zu kalten Außentemperaturen die Regenbogenforelle bereits zum Ende des zweiten Jahres auf Portionsgröße (28 bis 30 cm) und damit Fangfähigkeit gebracht werden.

Nach der Laichzeit erhalten alle Forellen ihre normale Farbmusterung zurück. Diese richtet sich etwas nach den verschiedenen Stämmen innerhalb der Arten, vor allem aber nach dem jeweiligen Standgebiet im Gewässer. Heller oder dunkler Untergrund, ob sie im freien Wasser oder unter Deckungen steht, immer sind sie bestrebt, sich farblich so anzugleichen, daß es für sie die beste Tarnung ist.

Verhalten

Bachsalmoniden haben noch stärker als die Salmoniden der großen Gewässer das Bestreben, in Deckungen oder in deren Nähe zu stehen, um sie bei Gefahren aufsuchen zu können. Das flache Wasser erlaubt ihnen wohl keine anderen Möglichkeiten, ihren gefiederten Jägern zu entgehen.

Sie sind demnach immer unter dicht über den Bach führenden Stegen, überhängenden Pflanzenbüscheln am Rande des Baches, Wurzelwerk der am Rande des Baches stehenden Bäume, dem Schaum, der durch stürzendes Wasser verursacht wird, in, an oder unter im Bach liegendem Gerümpel und in ausgespülten Uferböschungen zu finden. Längere Dunkelstrecken – wie z.B. bei sehr dichtem Baumbestand beiderseits des Baches – meiden sie jedoch.

Voraussetzung ist, daß an ihren Standorten das Wasser mindest eine Tiefe von 20 cm aufweist. Zuweilen stehen sie aber auch im noch flacheren Wasser, um sich zu sonnen. Dann zumeist in strömungsärmeren Räumen. Im Herbst stehen sie gern unter zusammengetriebenen Blättern und im Winter unter angelandetem Astwerk. In stärkerer Strömung ist nur die Bachforelle zu finden. Durch dieses Verhalten sind oft – trotz eines guten Besatzes – bei der ersten Begehung keine Forellen zu sehen. Höchstens, daß man die Bugwelle einer flüchtenden ausmacht, die sich gerade gesonnt hatte. Wird sie außerhalb ihres Versteckes sehr plötzlich erschreckt und glaubt sie, ihr Versteck nicht mehr erreichen zu können, flüchtet sie zumeist stromaufwärts und sucht dort ein neues Versteck, hierbei oft nur so, daß sie mit ihrem Schwanzteil noch gut sichtbar bleibt. Mußte sie plötzlich flüchten, geht sie längere Zeit nicht auf vorbeischwimmende Nahrung; wenn doch, ist es zumeist ein Saibling. Es lohnt nicht, es immer wieder zu versuchen – sie hat die größere Geduld.

Wird im Sommer im und am Bach der Bewuchs stärker, findet sie viele neue Verstecke, und es sind dann auch Strecken besetzt, in denen vorher – aus Mangel an Deckungen – nur selten Forellen anzutreffen waren. Auch nach dem Hochwasser im Frühling oder nach einem stärkeren Regen, der den Bach ansteigen läßt, gibt es größere Standortveränderungen, vor allem in Richtung bachaufwärts. Forellen stehen außerhalb der Laichzeit im Regelfall allein. Mehrere finden sich nur in großen Gumpen. Sie hat um einen guten Platz dauernde Kämpfe mit der Konkurrenz zu führen; Kämpfe, die zuweilen – wenn es die Größenverhältnisse erlauben – mit der Vernichtung des einen enden. Oft wird der Kleinere einfach gefressen. Mit der Zeit lernt der Pächter die guten Standorte kennen und kann dann damit rechnen, in einem freigefangenen guten Platz nach ein, spätestens drei Tagen wieder eine stärkere Forelle zu finden.

All das ändert sich in der Laichzeit. Zu ihrem Beginn steigen die Forellen bis in das Quellgebiet auch schmalerer Nebenbäche und verrichten dort, dabei oft mit Rückflossen aus dem Wasser ragend, ihr Laichgeschäft. Das begleitende Plätschern ist auf weite Entfernungen zu hören. Auch lassen sie sich nicht stören, wenn man sich vorsichtig nähert. Dieses Wandern bachaufwärts geschieht mit der

Erster Versuch auf Bachforellen im Frühlingshochwasser. ▷

Bachforelle im September beginnend, erst einzeln, dann in Rudeln und etappenweise. Da die Bachsalmoniden höhere Steilwehre als 50 cm nicht überspringen können, und in den hier beschriebenen Bächen zumeist keine Fischtreppen zu finden sind, kommt es öfter an Stellen zur Eiablage, die für den Aufwuchs ungünstig sind. Denn Laichräuber – nicht zuletzt Forellen selbst – halten sich das ganze Jahr über dort auf. Auch stören das für die Hege wichtige Laichgeschäft die zur Entsumpfung der Wiesen begradigten und ausgefütterten Quellfließe. Beides sowie die Verschmutzung durch Abwässer sind Hauptgründe, warum unsere Bäche heute so wenig natürlichen Nachwuchs hervorbringen. Nach meinen Beobachtungen in Hessen beginnen – von vereinzelt Früh- (ab August) und Spätlaichern (bis Ende Mai) abgesehen – die Bachforelle und der Saibling bereits im Oktober, die Regenbogenforelle im November mit dem Laichgeschäft, das sich dann sechs Monate über den Winter hinzieht. Es ist in den Ländern unterschiedlich, entscheidend ist die Wasser- und Lufttemperatur. Wenn es einen sehr kalten Winter gab, kann sich die Laichzeit weiter in das Frühjahr hinein verlängern.

Aus diesen Gründen entnehme ich zwischen dem 1. Oktober und dem 1. April keine Bachforellen und Saiblinge und vom 1. November bis 1. Mai keine Regenbogenforellen den Bächen im mitteleuropäischen Raum. Ich verlängere damit die gesetzlich vorgeschriebene Schonzeit um einen Monat.

Nach dem Laichen lassen sich die Forellen in ihre alten Bereiche langsam zurücktreiben, wobei immer einige an Schwäche eingehen oder besonders leicht Fischräubern zum Opfer fallen. Hierzu zählen besondern Fischreiher, die – ebenso wie der für den Nachwuchs gefährliche Eisvogel – nicht so selten sind, wie oft behauptet wird. Man findet zu dieser Zeit an seinem Bach manche tote, große Forelle. Sich hierüber zu erregen, ist unnütz – es ist ein natürlicher Vorgang.

◁ *Da Platz nach oben und vorne gegeben, ist hier die Fliegenrute angebracht.*

Anzahl

Grundsätzlich könnten und sollten so viele Forellen eingesetzt werden, wie der Bach ernähren kann. Das ist aber weder sofort zu erkennen noch ganz einfach zu erreichen. Drei bis vier Jahre Erfahrungen mit dem jeweiligen Gewässer sind hierzu schon nötig. Allgemein kann gesagt werden, daß jede Forelle, je nach Größe, einen bestimmten Lebensraum benötigt.
Wenn davon ausgegangen wird, möglichst nur Portionsforellen von 300 bis 450 Gramm heranwachsen zu lassen, sind für jede dieser Drei- bis Vierjährigen 20 Quadratmeter Wasserfläche nahrungsreicher Bäche anzusetzen. Hierbei darf aber nur das Wasser berücksichtigt werden, in dem sich mindest einjährige Forellen (ca. 20 cm) dauernd aufhalten können. Es darf also nur bei Niedrigwasser (Hochsommer) die Wasserfläche bemessen werden, die dann noch 20 cm Wassertiefe zeigt. Angenommen, man errechnet eine derartige Wasserfläche mit 10 000 Quadratmeter, ergibt das theoretisch 500 »Plätze« für drei- bis vierjährige Forellen. Unterschiede zur Zucht in Teichen sind u. a. aber auch die Tatsachen, daß sich in Bächen gleichzeitig Forellen verschiedener Jahrgänge und damit Größen befinden, und alle auf Naturnahrung angewiesen sind. Es müssen also noch Plätze für den Nachwuchs abgezogen werden. Hierbei kann Brut unberücksichtig bleiben. Einjähriger Nachwuchs benötigt jedoch schon einen und zweijähriger bereits vier Quadratmeter. Bei gleicher Anzahl pro Jahrgang wird also rein rechnerisch etwa ein Drittel der bisher errechneten 500 Plätze für den Nachwuchs benötigt. 10 000 Quadratmeter brauchbarer Wasserfläche erlauben demnach nur einen Dauerbestand von rund 300 fangfähigen Forellen. Das sind natürlich nur alles Anhaltswerte.
Wenn zu Beginn einer Pacht keine Klarheit über den Bestand besteht, sollte man aber erst einmal nach obiger Rechnung besetzen. Erst der nächste Besatz richtet sich dann nach den gewonnenen Erfahrungen, speziell den Zahlen der Entnahme (Fang). Da aber neben den eigenen Fängen noch andere hohe Verluste (Wildfischer, gefiederte Jäger und Kannibalismus der Forellen) auftreten, sollten hierbei noch 200 % aufgeschlagen werden. Bei einer Entnahme von 100 im Jahr sind also 300 Einjährige neu einzusetzen. Nach größeren Verlusten (Vergiftungen, extrem trockene Sommer) müssen es noch mehr sein.
Es gibt einen unterschiedlichen Bedarf bei bewiesenem (schwer!) natürlichen Nachwuchs, Besatz mit Brut oder mit schon Fangfähigen. Im letzteren Fall ist der notwendige Besatz nur halb so hoch.
Es weisen der natürliche Nachwuchs und die Besetzung mit Brut eine viel höhere Verlustquote auf als ihn die einjährigen Forellen zeigen. Von natürlichem Laich kommt vermutlich nur 0,1 % hoch, von der Brut schätzungsweise 3 %, von Einjährigen nach meinen Erfahrungen rund 35 %. Wollte man also – vorausgesetzt, Brut entwickelt sich überhaupt in dem Gewässer – bei 100 entnommenen Fischen mit Brut nachbesetzen, müßte man rund 3 500 Brut nachbesetzen. Oder es müßten, da eine 400-Gramm-Forelle nur etwa 800 Eier ablegt – rein theoretisch – über 120 weibliche Forellen in dieser Größe zum Laichgeschäft kommen. Da hierzu noch eine Reihe männlicher Forellen gehören, kommen Zahlen zusammen, die es heute kaum noch gibt. Das ist der Grund, warum bei einem natürlichen Nachwuchs ohne Besatz weniger fangfähige Fische hochkommen. Die Feinde des Laiches haben sich nicht verringert, und der Fang in den kleinen Bächen reißt für den Nachwuchs zu große Lücken.

Das Zählen einjähriger Forellen und Fertigmachen zum Transport in Plastiksäcken.

Es sei wiederholt, daß dies alles nur grobe Zahlen sind. Sie geben aber einen Anhalt über die Höhe des Besatzes. Steht übrigens natürlicher Nachwuchs fest oder wird Brut noch zusätzlich eingebracht, können obige Zahlen, die nur ab einjährigen Forellen gelten, verringert werden.
Brut sollte nur dort eingesetzt werden, wo sich größere Forellen im allgemeinen nicht aufhalten – wie im Quellgebiet und in Nebenrinnsalen, die auch noch im Sommer Wasser führen. Es kann davon ausgegangen werden, daß einjährige Forellen bereits Brut fressen, sie selbst jedoch erst von Dreijährigen dezimiert werden, da Zweijährige schon zu groß sind und Brut aus Standortgründen nicht erreichbar ist.
Spätestens nach drei Jahren wird es klar, ob der Besatz stimmt. Wenn der Fang weiterhin hoch bleibt, ist der Besatz entweder richtig oder finanziell zu hoch. Dann langsam immer weniger besetzen oder stärker fangen, bis es bei den Fängen spürbar wird. Erst jetzt ist völlig klar, welche wirkliche Kapazität der Bach oder die Pachtstrecke hat. Nur so wird das Ziel erreicht, Besatz und Fang aufeinander abzustimmen und die Aufwuchsproduktivität des Baches unter möglichst geringem finanziellen Einsatz voll zu nutzen. Diese Zahl zu finden ist nicht leicht, zumal örtliche und zeitliche Anomalitäten (vorübergehende Verschmutzung, ausgefallen trockener Sommer) neue Bilder bringen und Korrekturen erzwingen können.
Es ist aber eine wichtige und – so meine ich – interessante Aufgabe. Ohne Skizzen und Statistiken geht es aber dabei nicht. Siehe hierzu die Praxis in dem Kapitel »Ein Beispiel«.
Zu hoher Besatz ist sinnlos. Er führt, wenn er die Kapazität des Baches überschreitet,

Aus Gründen der Gewichtsersparnis wird vor den letzten Schritten zum Bach die Wassermenge verringert.

nicht zur Vermehrung des Bestandes, verbessert eher die weiter abseits liegenden Pachtstrecken. Es ist daher auch interessant zu wissen, was der Pächter oberhalb der eigenen Bachstrecke einsetzt.
Zusammenfassend kann gesagt werden: Beim Erstbesatz zahlenmäßig hochgreifend, der errechneten Bachkapazität entsprechend. Der nächste Besatz richtet sich nach der Jahresentnahme plus Aufschlag und der spätere Besatz nach der wirklichen Produktivität.
Interessant war eine für mich bisher allerdings nur einmal gegebene Möglichkeit, einen im Biotop gesunden aber an Bachsalmoniden leeren Bach, neu zu besetzen. Dieser Bach war durch einen schweren Umweltschaden von Forellen leergefegt und danach aber drei Jahre nicht besetzt worden, um ihn für die Fische wieder brauchbar werden zu lassen.
Die von mir eingesetzten einjährigen Forellen wuchsen in einem Jahr zu Größen bis zu 28 cm und überlebten zu rund 80 %, statt der bisher üblichen 35. Da sich der Bach gegenüber anderen nur dadurch unterschied, daß in ihm der einjährige Besatz keine größeren Forellen vorfand, läßt sich

Dann schnell zu den Besatzstellen und nach Temperaturausgleich die Setzlinge in ihren neuen Lebensraum

vermuten, daß allgemein nur rund 20 % der Verluste durch Eisvögel, Fischreiher und Schwarzfischerei etc. verursacht werden, 80 % dagegen auf Kosten der bereits im Bach befindlichen großen Forellen geht. Aller weiterer Besatz nähert sich im späteren Fangergebnis bald den schon bekannten 35 %. Je weniger sich also große Forellen in einem Bachabschnitt befinden, umso leichter regeneriert er sich durch Nachwuchs oder Besatz.

Ich habe daher später diese Strecke in drei Abschnitte geteilt, da es sich durch zwei größere Wehre anbot, und dann nur in dem Abschnitt den Besatz vorgenommen, den ich zuvor – soweit es mit der Angel möglich ist – von großen Forellen leerfischte. Das folgende Jahr wählte ich den nächsten Abschnitt und so weiter. Der Erfolg war eine spürbar höhere Fangquote im Bezug auf den Besatz. Drei Abschnitte sollten es mindestens sein, da die Forelle bis zur Fanggröße drei Jahre benötigt.
Eine derartige Unterteilung ist auch in einem Pachtlos ohne größere Wehre möglich, wenn es nur lang genug ist. Wie weiter unten erklärt, verteilt sich in einem Bach von durchschnittlich zwei bis drei Meter

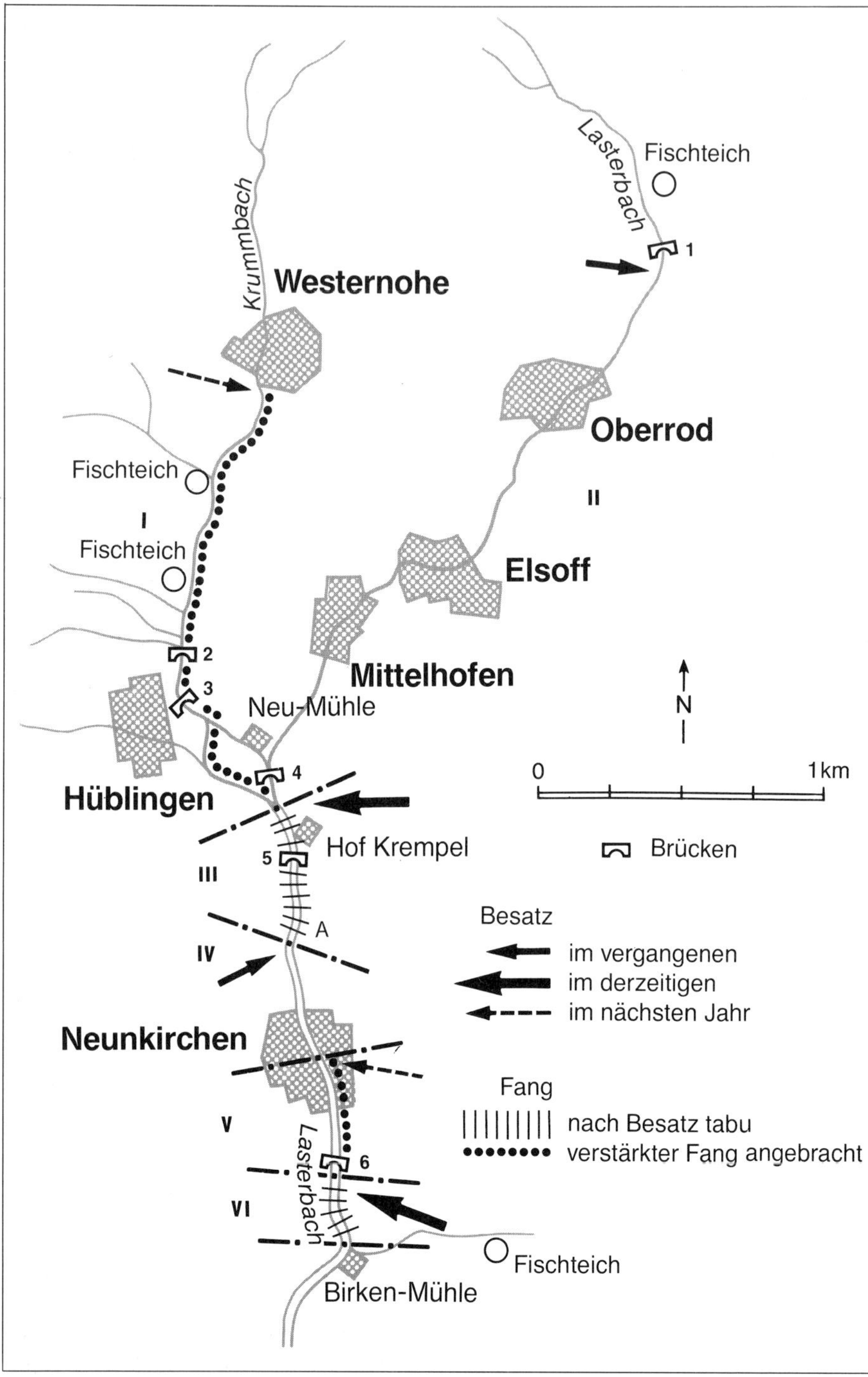
Krummbach
Lasterbach
Fischteich
1
Westernohe
Oberrod
II
Fischteich
I
Fischteich
Elsoff
2
Mittelhofen
3
Neu-Mühle
N
0
1km
4
Hübingen
Hof Krempel
Brücken
5
III
A
Besatz
IV
im vergangenen
im derzeitigen
im nächsten Jahr
Neunkirchen
Fang
V
nach Besatz tabu
verstärkter Fang angebracht
6
VI
Lasterbach
Fischteich
Birken-Mühle

Bei dem immer etwas trüben Schmelzwasser führen auch kürzere Würfe zu Erfolgen.

Breite ein Besatz von 200 einjährigen Forellen auf rund einen halben Kilometer bis zur Fangreife. In diesem Fall sollten daher die einzelnen Abschnitte eine Länge von 600 Metern nicht unterschreiten. Nur ist hier der Erfolg nicht ganz so hoch, da doch eine gewisse Vermischung mit größeren Forellen stattfindet, jedoch höher als bei einem Besatz, der über die ganze Strecke verteilt wird. Ein weiterer Vorteil dieser Besatzart ist die Möglichkeit, den ganzen Besatz auf einer kürzeren Strecke zu verteilen.

◁ *Jahresplanung einer in sechs Besatz- bzw. Fangabschnitte geteilten Pachtstrecke (vereinfachte Skizze).*

Arten

Ein heikles und kontroverses Thema. Die Grundfrage lautet: Soll nur die Bachforelle als einzige heimische Art eingesetzt werden, oder können dazu auch Regenbogenforellen und Saiblinge gegeben – also ein gemischter Bestand aufgebaut werden?

- Für den reinen Bachforellen-Bestand spricht die Verhinderung einer Naturverfälschung,
- für den gemischten Bestand die Schönheit dieser beiden Fische,
- ihre doch sehr nahe Verwandtschaft zur heimischen Art,
- der bessere Kampf beider Fische an der Angel,
- die bessere Nutzung der durch die vielen heutigen Teichanlagen zu hoch ge-

wordenen und damit verfälschten Temperaturwerte unserer Bäche (speziell im Sommer), es gibt heute schon fast keinen Bach mehr ohne Regenbogenforellen, da sie durch Brüche von Teichanlagen oder Fehler bei ihrem Abfischen schon seit Jahrzehnten in die Bäche gelangen und dort zur Wildform herangewachsen sind,

- außerdem ergänzen sie sich durch ihr unterschiedliches Standortverhalten, was ebenfalls zum besseren Ausnutzen der Bäche führt.

Durch von mir vorgenommene Numerierungen von Forellen in hessischen Bächen ergab sich, daß alle drei Arten – vorausgesetzt, der Biotop stimmt – außer in der Laichzeit, unerwartet standorttreu sind. Weiterhin zeigte es sich, daß sich, von wenigen Ausnahmen abgesehen, eingesetzte Einjährige (200 Stück bei einer Bachbreite von durchschnittlich 2,50 m) in einem Jahr nicht mehr als 500 m auseinanderziehen – meist abwärts. Es gab außerdem die für mich erstaunliche Tatsache, daß in den nahrungsreichen Bächen der Mittelgebirgsregionen Forellen zwischen 15 bis 30 cm in den Sommermonaten pro Monat einen weiteren Zentimeter wachsen und sie nach der Laichzeit in die Gegend ihres Aufstiegsbeginns zurückkehren.

Untersuchungen von Fangzahlen im Verhältnis zur Besatzmenge in mehreren gemischt besetzten Bächen ergaben keine Verdrängung einer Art durch eine andere. Innerhalb eines Jahrzehntes schälte sich aber immer mehr die Zahl von 35 % für Wiederfänge bei Bach- und Regenbogenforellen heraus – nur die Saiblinge zeigten eine etwas niedrigere Zahl. Natürlich stekken in diesen Zahlen Ungenauigkeiten durch die unterschiedlichen Fangtagzahlen, die teilweise Unkenntnis, ob es in den Bächen einen natürlichen Nachwuchs gab, oder das Treiben der zweibeinigen oder gefiederten Fischräuber, und durch die Frage, ob es wirklich die optimale Besatzmenge im Verhältnis zur Produktionskapazität der Bäche war. Was mir aber im Zusammenhang mit der Frage nach gemischten oder nicht gemischten Bestand interessant erscheint, ist die gleiche Höhe an Wiederfängen im Verhältnis zum Besatz bei beiden Hauptarten – und das auf Dauer. Im übrigen habe ich in Bächen mit gemischtem Bestand noch nie echte Mischformen zwischen den Arten gefunden.

Ich spreche mich daher für einen gemischten Bestand aus, ohne aber die andere Lösung für falsch zu halten. Mir macht einfach die Fülle des Artenangebotes und der härtere Kampf der Regenbogenforelle und des Saiblings Freude. Ich glaube auch, dadurch die Bachstrecken, die aus Standortgründen oder wegen zu hoher Temperatur von der Bachforelle gemieden werden, besser nutzen zu können. Bei der nahen Verwandtschaft dieser Fische sehe ich im übrigen keine Faunaverfälschung.

Es muß jedoch darauf hingewiesen werden, daß Bachsaiblinge nur in der Nähe von Quellgewässern gut gedeihen. Sie sollten also nur dort eingesetzt werden oder in den unteren Losen, zu denen ein kleiner, verläßlich das ganze Jahr über wasserführender Zufluß gehört. Sie einzusetzen, ist aber auch noch aus einem anderen Grund zu empfehlen:

Da der Bachsaibling bisher noch in vielen Bächen fehlt, kann der Versuch unternommen werden, ob in der eigenen Pachtstrecke die Brut überhaupt aufwächst. Da erst nach zwei bis drei Jahren die Jungfische an die Angel gehen, ist es erst nach dieser Zeit feststellbar, ob der Versuch geglückt ist. Es empfiehlt sich bei einem Besatz mit Saiblingsbrut, auch die Pächter der bachabwärts liegenden Lose davon zu unterrichten und zu bitten, Saiblingsfänge bekanntzugeben. Kommt Saiblingsbrut wirklich hoch, kann der künftige Besatz nur noch oder sehr stark mit der weitaus billigeren Brut – auch der anderer Bachsal-

Hier mit der Fliege zu fischen, verlangt schon größeres Können. ▷

moniden – vorgenommen werden. Gibt es im Losbereich Gebiete, die durch zu hohe Wehre oder gar Wasserfälle ein Aufsteigen von Forellen in die Quellgewässer zum Laichen nicht ermöglichen, sollten nur oberhalb dieser Hindernisse Versuche mit Brut gewagt werden.

Größe

Ein Besatz mit zweijährigen oder gar schon fangfähigen Forellen lohnt nicht, da die im Bach aufgewachsenen Forellen den eingesetzten immer überlegen sind. Sie drängen die müden Teichforellen schnell abwärts, zumal ja Forellen, wenn sie keine Fanggründe oder nicht genügend Futter finden, immer abwärts ziehen und beides in größeren Gewässern suchen und auch zumeist finden. Man vergesse nie, daß Teichforellen weder an die Strömung noch an Futtersuche gewöhnt sind – es bedeutet daher für sie der Einsatz in einen Bach eine große Umstellung. Spätestens nach drei Wochen befindet sich bei einem derartigen Besatz keine eingesetzte Forelle mehr im Los – das gilt besonders für Regenbogenforellen und Bachsaiblinge. Es ist daher immer besser, kleinere Forellen einzusetzen. Sie sind außerdem billiger und nutzen auch die Bachabschnitte, die die großen meiden, wie schmalere Stellen und flacheres Wasser. Auch finden sie das noch weniger benötigte Futter eher als die stets hungrigen großen Teichforellen. Am besten sind die Einjährigen. Wenn nichts Außergewöhnliches dazwischen kam, wuchs nach meinen Beobachtungen dieser Besatz immer zu 35 % auf.

Man sollte dennoch Versuche mit der noch billigeren Brut nicht unterlassen, dann aber – wie bereits betont – zuerst mit Saiblingsbrut, um festzustellen, ob Brut überhaupt aufwächst. Natürlich ist auch die sogenannte »vorgestreckte Brut«, Forellen in einer Größe von 3 bis 5 cm, nicht schlecht; nur kommt sie zu einem ungünstigen Zeitpunkt – Spätsommer – in den Bach. Es sollte demnach Brut nur vorgenommen werden, wenn es ganz sicher ist, daß diese aufwächst. Vorgestreckte Brut nehme man nur, wenn es aus irgendeinem Grund nicht möglich ist, einjährige Forellen zum Frühling einzusetzen. Die einjährige Forelle bleibt aber der beste Besatzfisch, zumal sie noch die Eigenschaft besitzt, leicht transportiert werden zu können.

Zeitpunkt

Er richtet sich nach der beabsichtigten Größe der Besatzfische und damit auch mit der Verfügbarkeit in den Zuchtanstalten. Brut erhält man von März bis Mai, vorgestreckte Brut im Spätsommer bis Herbst, einjährige von März bis Mai und größere zu jeder Zeit. Meine Erfahrungen lassen den April aus folgenden Gründen als den günstigsten Monat erscheinen: Da ab 1. April zumeist Fangerlaubnis besteht, können zuvor an den beabsichtigten Stellen die großen Raubforellen herausgefischt werden. Außerdem gibt es ab diesem Zeitpunkt im Bach einen schon reichlicher gedeckten Tisch, so daß auch die bisher nur an künstliches Futter gewöhnten Forellen genügend finden, und somit die schwierige Umstellung auf Naturnahrung reibungsloser vonstatten geht. Auch finden sie zu dieser und der darauffolgenden Zeit schon besseren Schutz durch ersten Pflanzenbewuchs im Wasser und an den Bachrändern. Darüber hinaus sind durch Schneeschmelze und Hochwasser hervorgerufene starke Strömungen weniger zu erwarten. Sie können sich also zu diesem Zeitpunkt leichter an das gefahrvollere Leben im Bach gewöhnen – die Überlebenchancen sind größer. Es ist auch der Besatz am Abend ein besserer, da Forellen eine Weile benötigen, Verstecke in neuen Gewässern zu finden.

Das Anschleichen und Sich-klein-Machen sind bei Sonne oder klarem Wasser sehr angebracht. ▷

Ort

Je kleiner der Besatz, umso weiter oben muß er eingesetzt werden. Brut gehört in schmale Rinnsale, die aber auch im Sommer noch Wasser führen müssen. Vorgestreckte Brut gehört nicht ganz nach oben, da zum Herbst die großen Forellen zum Laichen aufsteigen und hierbei – im Gegensatz zum Lachs – noch Futter nehmen. Die vorgestreckte Brut ist ihnen darum gerade recht in den engen Quellgewässern. Einjährige gehören in Abschnitte, die eine Breite von mindestens einem Meter aufweisen. Zum Besatz sind möglichst Stellen zu wählen, die strömungsarme Buchten und in nicht zu weiter Entfernung Dekkung zeigen. Durchlässe, flache Wiesenstege oder sehr dichtes Gebüsch an den Bachrändern bieten sich an. Begradigte Bäche und steiniger, glatter Untergrund sind für einen Besatz ungeeignet. Der Boden sollte sandig bis kleinkiesig sein, damit nicht die mit der Strömung unvertrauten Teichforellen sofort weggespült werden. Dennoch ist es immer wieder erstaunlich, wie schnell sich der in Teichen aufgewachsene Besatz instinktiv richtig verhält.

Brut, sowie Einjährige sind nicht nur an einer Stelle einzusetzen, sondern in kleinen Mengen, einjährige Forellen zu jeweils etwa 15 Stück, zu verteilen. Jungfische haben das Bestreben, in Schwärmen zusammenzubleiben. Ich habe das über Tage beobachten können. Diese Schwärme werden jedoch – von Eisvögeln einmal erkannt – fast ausnahmslos zu ihrer Beute. Je kleiner der Besatzfisch, umso empfindlicher ist er auch gegen Verschmutzung, das gilt besonders für Brut, einschließlich vorgestreckter Brut. Für sie sind daher Stellen zu

wählen, die besonders gutes Wasser zeigen. Ist, wie bereits oben erwähnt, die Pachtstrecke in drei bis vier Besatzabschnitte eingeteilt, so gebe man den Besatz nur in den jährlich wechselnden, zuvor von größeren Forellen leergefischten Abschnitt.

Wenn möglich, sollten Zahlen, Art, Größe, Zeitpunkt und Orte des Besatzes den Losnachbarn zur Kenntnis gegeben werden.

Kauf

Man kann heute davon ausgehen, daß bekannte Zuchtanstalten schon aus eigenem Interesse über gute Stämme verfügen. Züchter sind natürlich daran interessiert, möglichst große Forellen zu verkaufen und versuchen zuweilen, dem Interessenten die einjährigen aus- und die großen Forellen einzureden. Man lasse sich nicht beirren. Bei Einjährigen erhält man öfter zwei Angebote: Forellen ohne jede Auswahl in den Größen von 7 bis 12 cm oder nur kleine – »Kümmerlinge« genannt. Vorweg sei gesagt, daß beide brauchbar sind; nur lasse man sich nicht beeinflussen, für letztere mehr zu bezahlen. Als Begründung für den höheren Preis der Kümmerlinge wird gesagt, daß die kleineren von Jugend auf mehr Naturnahrung als Kunstfutter zu sich genommen hätten, sie sich daher besonders gut in Bächen assimilieren würden und somit als Auslese teurer zu bezahlen sind. Ich habe jedoch stets festgestellt, daß auch die größeren, »nicht an Naturnahrung gewöhnte«, bei der Nahrungsumstellung nach dem Aussetzen wenig Schwierigkeiten hatten. Nach einem Jahr waren sie immer noch größer als die Auslese-Kümmerlinge. Erst im dritten Jahr gleicht es sich aus. Es ist daher nicht berechtigt, für kleinere mehr Geld zu bezahlen – im Gegenteil. Der Teichzüchter sortiert nach einem Jahr sowieso die kleineren Forellen heraus und gibt sie gern ab, da er für sie keine Verwendung hat. Es gibt daher auch Zuchtanstalten, die sie – als Negativauslese – billiger abgeben.
Vor dem Verkauf vergleiche man die Preise. Es gibt Unterschiede bis zu einem Fünftel der Summe.

Transport

Kleinere Forellen – vorgestreckte Brut bis Einjährige – können in einem Plastiksack, der je zur Hälfte mit Wasser und reinem Sauerstoff gefüllt worden ist, transportiert werden. Alle Zuchtanstalten sind hierauf vorbereitet. Im Kofferraum des Wagens dürfen aber keine spitzen Gegenstände liegen, damit nicht der Sack während der Fahrt beschädigt wird. Am besten eignet sich eine große Kunststoffwanne, in die der Sack gelegt wird. Man fahre langsamer als üblich, insbesondere in den Kurven. Derartige Transporte benötigen unterwegs keinen Sauerstoff. In einem Sack können bis zu 200 einjährige Forellen untergebracht und mit ihnen zwei Stunden gefahren werden. Den Fischen ist hinterher nichts anzumerken. Alle Plastiksäcke können übrigens mehrfach benutzt werden. In Zweifelsfällen stecke man zwei ineinander. Bei einem längeren Transport erwärmt sich das Wasser in den Behältern. Wichtig ist aber der Ausgleich des eventuellen Temperaturunterschiedes zwischen dem Wasser im Behälter und dem Wildwasser. Dem begegnet man, indem man die Plastiktüte erst einmal ungeöffnet zehn Minuten in das Wasser der Besatzstelle legt, um den notwendigen Temperaturausgleich zu ermöglichen, oder ganz langsam und in Pausen Wasser des Baches mit dem des Plastiksackes vermischt.

Typisches Gewässer für Blinker und Treibangel. ▷

Größere Forellen benötigen immer ein Sauerstoffgerät und feste Behälter für den Transport. Der eigene Wagen reicht hierfür aus Raumgründen zumeist nicht mehr aus. Man lasse dann den Besatz durch die Zuchtanstalt an die Besatzstelle bringen. Je nach gekaufter Menge kann das jedoch zu Preisaufschlägen führen. Ist ein eigenes großes Gefährt zur Verfügung, verleihen die Zuchtanstalten zumeist ohne Preisaufschlag Behälter und Sauerstoffgerät.

Oft ist es nicht möglich, den zur Hälfte mit Wasser gefüllten Plastiksack bis an die Besatzstelle zu fahren. Man schütte dann Wasser bis zu einem Gewicht heraus, das durch ein oder zwei Mann über längere Strecken getragen werden kann. Den Forellen schadet ein Transport mit diesem wenigen Wasser und Sauerstoff 15 Minuten lang nicht. Länger sollte es aber nicht sein – Temperaturausgleich am Bach mit eingerechnet.

Durch unnötige Kunstbauten zerstörtes Fischwasser.

Die Hege

Ziel der Hege von Forellen in kleinen Bächen muß es sein, durch geeignete Maßnahmen das höchste an fangfähigen Forellen zu gewinnen, ohne das natürliche Gleichgewicht sehr zu zerstören. Genaugenommen gehört zur Hege somit fast alles, was in diesem Buch steht. Hauptsächlich sind es aber Kontrollen hinsichtlich Sauberkeit der Gewässer und Abwehr von Wildfischern, sowie Gewässerverbesserungen und Schonmaßnahmen.
Über richtigen Besatz sprach sich bereits das vorangegangene Kapitel aus, und über Fang wird es das nächste tun. (Weitere Angaben siehe Kapitel »Ein Beispiel«.)

Kontrollen vor der Pacht

Diese Kontrolle ist entscheidend, ob die Strecke lohnend für eine Pacht ist. Bei Interesse entscheidet sie auch über die Höhe des zu bietenden Betrages. Sie sollte mit einer Begehung beginnen und mit Befragungen und Einzeluntersuchungen enden. Hierbei verdienen besondere Bedeutung die Beschaffenheit des Wassers auf der Gesamtstrecke einschließlich der zur Pacht gehörenden Nebengewässer, die Verhältnisse der benachbarten Pachtlose, vor allem des oberhalb gelegenen, die Beschaffenheit des Bachgrundes, und eine Untersuchung, ob der Bach genügend Deckungen bietet, sowie über Gumpen und Wehre verfügt. Weiterhin ist es interessant, was für Pläne hinsichtlich Anlagen von Fischteichen, Kläranlagen und Industriebauten bestehen und ob Forellen zu erkennen sind.
Schließlich ist zu prüfen, was der Vorbesitzer über die Gründe der Beendigung seiner Pacht, und die Anrainer über Zustände am Bach hinsichtlich Hochwasser, Wasserbestand bei Trockenheit, Forellen, Wildfischerei etc. sagt.

Beim Wasser ist zu beachten, ob durch Gefälle genügend Sauerstoff aufgenommen werden kann. Stärkere kalk- und eisenhaltige Quellzuflüsse schaden nicht. Zeigt sich das Wasser aber trübe, ist dem nachzuforschen. Es können natürliche Beimengungen nach einem Regenfall sein, dann sollte die Strecke bei Trockenheit noch einmal beobachtet werden. Es können aber auch Lehm- und Tonbeimengungen von Gruben sein, die ihre Abwässer in den Bach leiten. Diese Beimengungen sind gefährlich, da bei Dauererscheinungen die Kiemen der Fische darunter leiden. Auch wird natürlich der für die Ernährung der Forellen so wichtige Biotop des Bachgrundes erstickt. Die Fische meiden daher dieses Wasser. Die besondere Gefährlichkeit liegt auch darin, daß es sich hier um sehr feine Schwebstoffe handelt und diese sich noch kilometerweit abwärts nicht abgelagert haben. Stärkere Abwässer von Industriebetrieben machen einen Bach fast immer unbrauchbar. Verschmutzungen natürlicher Art, wie Abwässer der Dörfer, stören weniger, wenn sie ein gewisses Maß, im Verhältnis zum guten Wasser, nicht überschreiten. Sind sie schwach, können sie unberücksichtigt bleiben. Sind sie stärker, nehmen die Fische leicht einen unangenehmen Geschmack an. In extrem trockenen Sommern kann der Bach umkippen. In diesem Fall überwiegt dann das in der Menge stets gleichbleibende Abwasser das durch die Trockenheit geringer gewordene gute Wasser so stark, daß es für Fische lebensbedrohend wird. Relativ schnell ist der Bach dann »tot«. Bäche, die Fische mit einem »Geschmäckle« aufweisen, sind daher immer mit Mißtrauen zu betrachten. Am schädlichsten sind Jauchezuflüsse, Abwässer von Silo-Reinigungen und Kunstdünger, die bei starken Regenfällen von den Feldern in den Bach gespült werden. Sie führen zu sofortigem Fischsterben, weil in diesen kleinen Gewässern die gute Wassermenge einfach zu gering ist, um stärkere Verunreinigungen zu verkraften. Es ist also wichtig zu wissen, ob derartige Verunreinigungen möglich (schon einmal aufgetreten) sind und wie der Bach im Sommer hinsichtlich Wassermenge beschaffen ist. Setzt sich sein gutes Wasser mehr aus Quellen oder Regenwasser zusammen? Rot-, Blasenalgen, starker Schaum und Gestank weisen immer auf eine völlige Unbrauchbarkeit eines Gewässers hin.

Bereits bei der ersten Begehung – diese sollte möglichst mit einer Polarisationsbrille gemacht werden, um Bachgrund und Fischbestand besser erkennen zu können – muß jeder Zufluß untersucht werden, ob er Verschmutzungen heranbringt oder nicht. Stehen die Quellen der Verschmutzungen fest, ist zu erfragen, ob dort Vorhaben auf dem Gebiet des Umweltschutzes im Gange sind; wie zum Beispiel der Bau von Kläranlagen, und ob Anklage gegen den Verursacher Erfolg verspricht.

Wichtig ist auch der Bachuntergrund. Forellen benötigen Sand- oder kleinkiesigen Boden. Pflanzen und Steinkiesel sind, wenn sie nicht überhand nehmen, von Vorteil. Künstliche, ausgefütterte Bachböden sind wertmindernd, da sich über ihnen keine Forelle länger aufhalten kann. Grüner Pflanzenbewuchs weist immer auf gutes Wasser hin. Die Beschaffenheit der Ufer entscheidet über die Zahl der so erwünschten Deckungen. Man beachte, ob Auswaschungen, Wurzelwerk und starker Pflanzenwuchs vorhanden sind und damit Forellen Verstecke bieten. Strudel, flache Stege und im Bach liegende Großgerümpel sind ebenfalls von Vorteil – auch wenn letzteres weniger die Natur verschönt.

Hat die Begehung erbracht, daß sich Forellen, ohne sie gesehen zu haben, eigentlich im Bach halten müßten, kann man mit Schwimmfutter (Insekten, kleine Maden, Larven, Brotkrumen oder Lungenstückchen) Forellen zum Steigen bringen. Führt das zu keinem Erfolg, versuche man beim Verpächter – zumeist den Forstämtern – oder Vorpächter eine Kurzerlaubnis zum Angeln zu erhalten und fische mit Regenwürmern als Köder. Kommt damit kein Biß, gibt es im Bach keine Forellen. Es bleibt dann die Aufgabe, herauszufinden, warum – trotz des guten Wassers und sonstiger günstiger Beschaffenheiten – keine Forellen anzutreffen sind. Hierzu befrage man den letzten Pächter, der ja immer einen Grund hatte, die Pacht aufzugeben. Wenn es nicht sein Alter oder ein Wohnungswechsel ist und er sogar mitten in der Zeit des Pachtvertrages – sie laufen zumeist über zwölf Jahre – aussteigen will, ist Vorsicht geboten und genauer nach den Gründen zu fragen. Auch die Befragung von Anrainern erbringt zuweilen interessante Erkenntnisse. Dennoch ist hier etwas Skepsis geboten, da oft vorgefaßte Meinungen bestehen. Man frage auch nach dem Ausmaß der Schwarzfischerei. Sie ist heute jedoch stark zerrückgegangen und bei den kleinen Bächen geringer als oft befürchtet, ausgestorben ist sie aber noch nicht. Bei gefangenen Forellen ist ihr Geschmack festzustellen.

Alles zusammen, Begehungen und Befragungen, ergeben ein Bild, das sich später fast immer bestätigt. Bringt der Gesamteindruck bei nüchterner und sachlicher Betrachtung eine positive Beurteilung, steige man in den vorzeitig abgebrochenen Vertrag ein. Es kann bei den vielen heutigen Maßnahmen gegen Verschmutzungen künftig nur besser werden, zumal jetzt fast überall mit dem Bau oder wenigstens der Planung der Kläranlagen begonnen wird. Die für das Gewässer zuständige Untere Wasserbehörde gibt über den Stand des Ausbaues bzw. der Planung Auskunft. Es ist jedoch angebracht, den dort gegebenen Zeitvorstellungen zwei oder besser drei Jahre hinzuzuzählen.

Nach der Schneeschmelze ist der Bach voller Gerümpel – doch nur das wirklich störende sollte heraus. ▷

Während der Pacht

Hier ist die beste Kontrolle der häufige Besuch des gesamten Pachtabschnitts. Auch in der Schonzeit ist er notwendig; es ist erstaunlich, was man dabei feststellt. Man verbreite außerdem gesprächsweise, daß man der Pächter ist und gegen Verschmutzungen und Schwarzfischerei vorgehen will. Ergibt sich ein Vorfall, verfolge man ihn dann aber auch unnachsichtlich; das spricht sich herum und man hat danach meist für längere Zeit Ruhe. Auch freunde man sich mit Anrainern an und befrage sie ab und an, was ihnen am oder im Bach aufgefallen ist. Man erhält hierbei zuweilen interessante Hinweise. Jeder Veränderung am Bach und im Verhalten der Fische gehe man nach, bis die Erklärung gefunden ist.

Wenn eine Verunreinigung festgestellt wird, sollte der zuständigen Polizei die Quelle der Verschmutzung genannt werden und entnehme man unter- und oberhalb des Schmutzzuflusses Wasserproben zur Untersuchung bei der zuständigen

Landesbehörde. Ist die Verschmutzung für den Fischbestand bedenklich, erhebt bereits die Landesbehörde eine Ordnungsstrafe. Aufbauend darauf kann der Pächter – soweit er sich geschädigt fühlt – noch eine Privatklage erheben. Nach meinen Erfahrungen führt zumeist schon die Ordnungsstrafe zu Erfolgen.
Wichtig ist es auch, über die Strecke, den Besatz und die Fänge genaue Statistiken zu führen. Ihre Auswertungen ergeben ein gutes Bild über die Kapazität der Pachtstrecke und damit Zahlen und Orte für künftigen Besatz und Fang.

Gewässerverbesserungen

Deckungen und Verstecke für Forellen künstlich zu bauen – wie oft vorgeschlagen wird – hat wenig Sinn. In diesen kleinen Bächen zerstört sie schon ein Hochwasser, das überhaupt starke Veränderungen, aber damit auch Deckungen bringt. Das einzig lohnende ist, starke Baumstämme, Steinblöcke oder mit Steinen gefüllten Maschendraht so quer im Bach zu verkeilen, daß Stauungen entstehen, das Wasser über sie hinweg muß und somit – spätestens nach dem folgenden Hochwasser – dahinter Vertiefungen ausspült, die sich gut für einen Forellenstandort eignen und auch meist schnell besetzt werden.
Alle diese Veränderungen sind jedoch genehmigungspflichtig – vorherige Rücksprachen bei den zuständigen Behörden sind erforderlich. Grundsätzlich sollten aber diese künstlichen Wehre (Rollwehre) nicht höher als 30 cm sein, um den Bachsalmoniden das Aufsteigen zu ermöglichen.
Aus dem Bach entferne man alles größere Gerümpel, das keine Deckungen bietet und zu »Hakenfressern« werden kann. Hierzu gehören Fahrräder, Kinderwagen und besonders Draht.
Nach dem Winterhochwasser sowie nach sehr starken Regenfällen entferne man angeschwemmtes Geäst etc., um ein besseres Treiben des Köders zu gewährleisten. Hierbei ist aber zu unterscheiden, ob das Treibgut wirklich störend ist oder Deckungen bringt.
An besonders guten Forellenstandorten, wie Gumpen, vor guten Deckungen und an Wehren entferne man störendes Geäst soweit, daß ein ungestörtes Herankommen und Hantieren mit der Angel – vor allem Flugangel – möglich ist. Das muß jährlich wiederholt werden.
Im übrigen ist – wie schon öfter angesprochen – das Hauptgewicht aller Beobachtungen auf Verschmutzer des Baches zu legen und bei neuen Tatbeständen mit Hilfe der zuständigen Polizei und anderen Behörden dagegen vorzugehen.

Schonmaßnahmen

Schonzeiten

Genau genommen sind bei einem regelmäßigen und ausreichenden Besatz Schonzeiten nicht nötig, in Teichanlagen gibt es auch keine. Daß dennoch Schonzeiten einzuhalten sind, hat folgende Gründe:
Ein natürlicher Nachwuchs erhält eine Chance.
Die Fische schmecken zur Laichzeit nicht so gut und sind abgemagert.
Die Pachtstrecken sind oft so klein, daß man die Kapazität an Portionsforellen immer wegfinge und nur noch Untermäßige an die Angel bekäme. Da diese schon im eigenen Interesse zurückzusetzen sind, durch Verbisse aber Verluste entstehen, schädigt man sich nur selbst.
Schonzeiten sind gesetzlich festgesetzt, in den Bundesländern unterschiedlich. Ebenso gibt es Unterschiede nach Hochgebirgs- oder Flachlandbächen. Hier heißt

Ein guter Standort zum Wurf bachaufwärts. ▷

es, sich vorher genau zu erkundigen. Die Zeiten sind aber auch auf den Jahresfischereischeinen vermerkt. Da diese aber nur die des Landes angeben, das den Schein ausgestellt hat, der Schein aber für die ganze Bundesrepublik gilt, muß man sich beim Fischen in anderen Ländern erkundigen. Viele Pächter verlängern die Schonzeit noch über die gesetzlichen Termine hinaus. Es ist also – so man bei einem Pächter die Erlaubnis zum Fischen hat – notwendig, auch dort noch einmal nach den Schonzeiten zu fragen.
Nach meinen Erfahrungen genügen die gesetzlichen Zeiten, man sollte jedoch in Mitteleuropa nicht vor Mitte April mit dem Fang beginnen. Angebracht ist es jedoch, die Kapazitätszahl zu ermitteln und in Abstimmung mit der Entnahme (Fang) zu besetzen. Zumeist liegen die in den Pachtverträgen angeführten Pflichtbesatzzahlen über diesen. Sind in der eigenen Pachtstrecke Laichplätze – das trifft immer für die obersten Pachtlose zu – und bringt der Bach natürlichen Nachwuchs hoch, sollte man nie die Gesamtkapazität des Baches herausfangen.

Schonstrecken

Sie sind nur dann sinnvoll, wenn die Pachtstrecke sehr lang ist. Schonzeiten sollten dann am oberen Ende der Pachtstrecke liegen und nur einmal im Frühjahr beangelt werden, um ihr die großen Raubforellen zu entnehmen. Weit oben deshalb, weil bei einer Überkapazität, die ja in der Schonstrecke schneller als in der Fangstrecke entsteht, die Forellen das Bestreben haben, auf der Suche nach neuen Fanggründen bachabwärts zu wandern. Zwingend notwendig sind Schonstrecken aber nicht, da es in unseren Bächen immer Strecken gibt, die wegen starken Buschwerkes nicht befischbar sind.
Teilt man aber die Pachtstrecke in Besatzabschnitte ein, sollte in dem, der Besatz erhalten hat, ein Jahr lang nicht geangelt werden.

Mindestmaße

Sie können den Jahresfischereischeinen entnommen werden. Auch sie sind in den Ländern unterschiedlich. Man halte sie – schon im eigenen Interesse – unbedingt ein, ja erhöhe sie in nahrungsreichen Gewässern. Bachsalmoniden über 35 cm sollten jedoch auch diesen Gewässern grundsätzlich entnommen werden.
Untermaßige Forellen sind zurückzusetzen. Es ist nicht immer zu verhindern, daß es hierbei Verbisse gibt. Eine Forelle, die blutet, sollte immer getötet und mitgenommen werden, da für sie ein Zurücksetzen ebenfalls den Tod bedeutet. Man gewöhne sich an, bei der Treibangel immer nur mit Schonhaken (ohne Widerhaken) zu angeln und früh anzuschlagen. Grundsatz: Lieber ein verfehlter Anschlag als eine zu tötende untermaßige Forelle!

Forellen-»Räuber«

Das Vorausgegangene hätte man auch »Hege durch Fang« überschreiben können. Hinsichtlich Hege sind der Döbel und der Aal (siehe Kapitel »Die Begleitfische« S. 63) für die Bachsalmoniden gefährlich. Der erstere als Futterkonkurrent und Dezimierer des Forellenaufwuchses, der andere vor allem als Laichräuber. Beiden muß daher nachgestellt werden.
Beim Döbel kann der Schwerpunkt der Fänge im Winter liegen. Auf diese Art braucht in der Schonzeit der Forellen der Angelsport nicht unterbrochen zu werden, und die im Winter notwendigen Begehungen der Pachtstrecke sind abwechslungsreicher. Vor allem große Döbel sind gefährlich; sie stehen besonders im ruhigen Teil der tiefen Gumpen und können erst durch Rinderrückenmark oder mit der Naßfliege ›Schwarze Palmer‹ (auch im Winter!) langsam auf dem Grund schleifend anbieten, überlistet werden. Den ›Schwarzen Palmer‹ kann man sich mittels eines ausgefransten schwarzen Schnürsenkels gut

Der Graureiher, nicht immer sehr beliebt an Fischereigewässern.

selbst binden. Es ist erstaunlich, wie darauf die Döbel gehen. Insgesamt sind sie jedoch, je größer umso mehr, besonders mißtrauisch, und man muß ihre Standplätze mit aller Vorsicht anschleichen oder ihnen den Köder von weit her zutreiben lassen. Umgekehrt zur Forelle heißt es beim Döbel; man sieht in eher, als daß man ihn fängt.

Der Aal kann, wie auf Seite 65 beschrieben, nachts mit der Angel gefangen werden. Aber auch eine Reuse kann helfen. Diese ist mit einem stark riechenden Köder, zum Beispiel Tauwürmern in einem alten Seidenstrumpf als Beutel oder in einer durchlöcherten Büchse, im Fangraum zu versehen und dann mit der Öffnung stromabwärts an der tiefsten Stelle eines Gumpens zu verlegen. In ihr fangen sich auf öfter Gründlinge, Elritzen und – so im Bach vorhanden – Krebse. Weniger, aber doch ab und an, verirren sich in ihr auch Döbel und leider auch Forellen; ein Grund, die Reuse spätestens alle zwei Tage zu kontrollieren. Bedauerlicherweise ist es – aus der Sicht des Pächters nicht möglich, den inzwischen zahlenmäßig stark zugenommenen Graureiher zu vertreiben. Er unterliegt dem Jagdrecht. Es hilft daher zur Zeit nur ein stärkeres Begehen der Pachtstrecke, um sie zu verscheuchen. Sie fliegen jedoch dann meist nur wenige hundert Meter weg, warten, bis man verschwunden ist, und kehren sofort wieder zurück. Sie stehen meist zu mehreren im Bach – ich habe auf dem Westerwald und an der Weil in Hessen Gruppen bis zu 18 Stück angetroffen. Sie lassen den Pächter oft an Hegemaßnahmen etwas verzweifeln.

Ein weiterer Fischjäger ist der Eisvogel. Er steht in der Roten Liste unter den bedrohten Vogelarten. Doch konnte ich im gesamten Bundesgebiet die Beobachtung machen, daß überall dort, wo sich in kleinen Bächen Fischnachwuchs befindet, auch der Eisvogel zur Stelle ist. Jeder von ihnen benötigt einen bestimmten Fangraum, den er auch verteidigt. Dieser ist je nach Größe und damit Ergiebigkeit des Gewässers vermutlich unterschiedlich. An

den hier beschriebenen Bächen fand ich durchschnittlich alle 500 Meter einen dieser bunten, listigen Gesellen. Ja sogar mitten in Dörfern und Städten; in Wetzlar z. B., dort, wo die Dill mitten durch das große Stahlwerk von Buderus fließt. Man muß sich nur die Mühe machen und an den Bächen sehr früh morgens entlanggehen oder an größeren Gumpen still sitzenbleiben, und man sieht sie beim Ein- und Ausflug ihrer Niströhren an steilen Ufern oder bei ihrem pfeilschnellen und -geraden Flug. Ich erlebte es sogar, daß sie sich auf meine am Ufer festgesteckte Angelrute setzten, auch das Anlernen ihres Nachwuchses im Fischfang konnte ich mehrfach beobachten. Es ist dem Graureiher gegenüber sicher nicht gerecht, aber dem Eisvogel kann ich seine Räubereien nicht so verübeln wie jenem, der allerdings auch das mehrfache frißt.
Wie gesagt, meine Beobachtungen gehen dahin, daß beide Vogelarten in den letzten Jahren zugenommen haben.

Verhalten bei Fischsterben

Ein Fischsterben durch Abwassereinwirkung kann in kleinen Bächen den gesamten Fischbestand in wenigen Stunden vernichten. Neben Gifte aller Art kann auch Sauerstoffmangel verheerende Folgen haben. In unseren Gewässern sind es meist das Einleiten von Jauche, Silosickersaft oder die Überhandnahme von Abwässern in trockenen Jahreszeiten. Die Giftstoffe wirken an der Einleitungsstelle am stärksten und verlieren sich allmählich durch Verdünnung und chemische Umsetzung. Die Verdünnung ist eher möglich, wenn saubere Zuflüsse unterhalb dieser Stelle vorhanden sind. Danach richtet sich auch die Länge des vergifteten Bachabschnittes. Bei kleinen Bächen können das aber mehrere Kilometer sein.
Wird ein Fischsterben bemerkt, ist sofort die Länge des vergifteten Bachabschnittes festzustellen, und es sind Wasserproben zu entnehmen, da die Vergiftungswelle oft sehr schnell abläuft und bereits nach wenigen Stunden der Verursacher möglicherweise nicht mehr nachzuweisen ist. Bei der Entnahme ist zu beachten, daß jede Wasserprobe mindestens einen dreiviertel Liter enthalten muß und die Entnahme des Wassers am besten dort erfolgen soll, wo entweder taumelnde oder sterbende Fische zu beobachten sind, oder das Wasser verdächtige Verfärbungen, Schaumbildung oder dergleichen zeigt. Außerdem sind Wasserproben zu entnehmen: Unmittelbar oberhalb der vermuteten Ursache (Abwassereinleitungsstelle), vom Abwasser an der Einleitungsstelle, sowie etwa 20 m unterhalb der Abwassereinleitungsstelle. Bei einer späteren Probenahme interessiert auch noch das Wasser etwa 1000 bis 2000 m unterhalb, je nach Fließgeschwindigkeit.
Verwendete Flaschen und Verschlüsse sind vor Probeentnahme mit Untersuchungswasser gründlich auszuspülen. Sie dürfen bei Wasserentnahme nicht so tief eingetaucht werden, daß Schlammablagerungen mit in die Flasche gelangen. Bei einer Ölverunreinigung sind die Wasserproben von der Wasseroberfläche sowie gesondert auch Bodenproben zu entnehmen; hierbei sind Glasflaschen zu benutzen. Jede Probeflasche ist genau und haltbar zu beschriften mit: Tag, Uhrzeit, Name des Gewässers, genaue Bezeichnung des Entnahmeortes und Name des Entnehmers. Von Vorteil ist es, in seinem Wagen stets drei saubere leere Mineralwasserflaschen bereitzuhalten. Sofort danach oder gleichzeitig durch einen Helfer ist die Polizei und möglichst ein Angehöriger des zuständigen Forstamtes herbeizurufen, um den amtlichen Nachweis zu haben.

◁ *Ein guter Platz zum Fliegenfischen.*

Der Fang

Zeitpunkt

Forellen beißen, außer in heißen Mittagsstunden und im Höhepunkt der Laichzeit, praktisch immer. Trockenfliegen nehmen sie nur in den Zeiten, in denen es Insekten gibt.
Die Zeit der Fangerlaubnis wird durch die gesetzliche Schonzeit, die zumeist fünf Monate umfaßt, bestimmt. Sie liegt unterschiedlich, z. B. bei der Regenbogenforelle nach der Landesfischereiverordnung (AVFiG) für Bayern vom 15. Dezember bis 15. April. Aber auch besondere Erweiterungen der Pächter wären zu beachten. Mir erscheint der 1. April (Bachforelle) als Beginn und der 30. Oktober (Regenbogenforelle) als Ende für die Flachland- und Mittelgebirgsbäche als richtig. Bei einem gemischten Bestand sollten Bachforellen und Bachsaiblinge ab 1. Oktober nicht mehr entnommen werden und die Regenbogenforelle erst ab 1. Mai, weil die Laichzeiten unterschiedlich sind. Nach der Schneeschmelze und den Frühjahrsregen stehen die stärksten Forellen im Bach – auch in Quellgebieten. Mit der Verringerung des Wassers wandern sie ab. Die besten Fänge gibt es daher im April/Mai und je nach Wetter (Regen) auch im Oktober (nur Regenbogenforellen).
Hinsichtlich der Tageszeit gibt es nach meinen Erfahrungen keine bevorzugte Stunde. An sehr sonnigen und flachen Stellen zeigen sich jedoch bessere Fänge bei trübem Wetter sowie in der Dämmerung. Auch nachts nimmt die Forelle öfter den Köder für Aale.
Die Zeit kurz nach einem leichten Regen ist für die Treibangel besonders günstig, denn immer, wenn Forellen die Vorgänge außerhalb des Wassers schlechter erkennen können, sind gute Fangzeiten. An sehr heißen Tagen sollte man nur frühmorgens oder abends angeln. Erfolgreich ist auch die Zeit vor einem Gewitter, hierbei insbesondere mit Fliegen. Bei und nach starken Regenfällen ist in kleinen Bächen kaum ein Fang möglich, da das Wasser zu lehmig ist und die Forellen den Köder nicht erkennen können. Sehr große Forellen (den König des Gumpens) kann man auch am Abend und bei erster Dämmerung fangen.

Ausrüstung

Als Bekleidung empfiehlt sich ein olivfarbener Parka mit Regenkapuze, ausknöpfbarem Futter und recht vielen Taschen; als Hose eine dunkle aus dem »Auftragebestand«. Watstiefel sind schon fast ein Luxus und nur notwendig, um auch an tieferen Stellen im Bach stehen zu können. Das ist bei Hängern nötig und wenn im Winter (höherer Wasserstand) auf Döbelfang gegangen wird. In der kühlen Jahreszeit sind dicke oder zwei Paar Socken angebracht; man sollte die Stiefel daher nicht zu eng nehmen. Für Brillenträger ist eine bifokale Brille von Vorteil. Falls nur eine einfache Brille vorhanden, sollte sie an einem Kettchen um den Hals hängen, um sie beim vielen Auf- und Absetzen – einerseits zum Angelumbau, zur Beköderung oder Versorgung der gefangenen Fische, andererseits zum Erkennen des Schwimmers noch in 20 Meter Entfernung – nicht zu verlieren. Weiterhin gehört zur Ausrüstung eine Tragetasche mit Fächern und Taschen. Sie ist an kleinen Bächen einem Korb vorzuziehen, da dieser im dichteren Gebüsch oft hinderlich ist.
In die Taschen der Hose und des Parka gehören: Papiere, Wagenschlüssel, Taschentuch, Lappen, Haken, Schwimmer,

Es hat noch keine Forelle gebissen, vielleicht liegt es an der Fliege... ▷

Polarisationsbrille, kleine Schere, Reservefliegen, Köderdose, Beschwerungsblei, Bleikügelchen, Schnurfett und eine Zange. Dazu im Stiefelschaft ein Hartholzstock als Abschläger.
Zum Inhalt der Tragetasche macht man: Große Küchenschere, Messer, weitere Haken, Fliegen, Blinker, Schwimmer und Wirbel.
Im Wagen sollten sein: Von allem bisher Genannten Reserven, dazu eine zweite, fertige Angel, Reserverolle mit Schnur, Notizblock (Fangergebnisse), Reservebrille, Flasche Trinkwasser, etwas Eßbares, drei leere Flaschen für Entnahme von Wasserproben und ein luftiger Behälter zum Aufbewahren der gefangenen Fische. Sie sollten frühzeitig der Tragetasche entnommen werden.
Die Küchenschere ist zum Bauchaufschneiden für das Ausnehmen der Forellen, die Zange sollte sehr schmale und lange Greifbacken haben, um tiefer sitzende Haken schonend lösen zu können. Das Beschwerungsblei muß so beschaffen sein, daß zum Befestigen die Schnur nicht gelöst zu werden braucht.
Als Köderdosen eignen sich besonders rote, ovale Seifendosen. Auch Zange, Scheren und Messer sollten grellfarbene Griffe haben, um sie nach einem Verlieren oder Liegenlassen im Gras besser wiederzufinden.

Gerät

Forellen kann man mit der Fliege, dem Blinker, Köderfischen, Treibangel oder Grundangel fangen. Die größere Kunst und den besseren Sport bietet die Flugangel, doch ist sie an den hier beschriebenen Bächen höchst selten oder nur unter bereits beschriebenen Vorarbeiten anwendbar. Das viele Buschwerk an den Bachrändern und die geringe Wasserbreite stehen dem oft entgegen.
Die Rute der Flugangel sollte wegen des geringen zur Verfügung stehenden Raumes nicht länger als 1,90 m sein und ein Gewicht von 80 Gramm nicht überschreiten. Es genügen 30 m Schwimmschnur. Auch die Rute für den Blinker oder der Treibangel sollte wegen des dichten Buschwerks kurz, kräftig und nicht zu federnd sein.
Teleskopruten sind schon allein wegen des besseren Transports allen anderen vorzuziehen, zur Schonung der Ösen schiebe ich sie jedoch nur so weit zusammen, wie es der Platz im Kofferraum erfordert. Ich kaufe immer nur Ruten einer Länge von etwa zwei Metern, entferne das Spitzenteil und befestige einen großen Endring am nächsten. Sie hat dann gerade die richtige Länge und Steife. Für besondere Fälle – größere Gumpen, Schwierigkeiten durch Hindernisse am Ufer – kann aber auch eine längere Rute von Vorteil sein.
Als Rolle genügt eine normale Fliegen- bzw. Stationärrolle.
Als Schnur nehme man für Blinker und Treibköder eine möglichst elastische monofile von mindest 50 m Länge und einer Stärke von 0,35, um bei einem nicht lösbaren Hänger nur das 0,25-Vorfach zu verlieren. Auf jeden Fall soll zwischen der Schnur und dem Vorfach ein Stärkeunterschied bestehen. Die Schnur der Treibangel ist vor jedem Fangtag in einer Länge von ca. 30 m einzufetten, um sie am Schwimmen zu halten, dadurch Hänger zu vermeiden und einen besseren Anschlag zu ermöglichen. Auf der Rolle sollte nicht zuviel Schnur sein, sonst gibt es leicht Schnursalat. Diesem Salat begegne man aber auch dadurch, daß man am Abend vor dem Fang die Schnur auf eine Länge von mindest 30 m im Garten ausspannt und erst vor dem Angeln wieder aufrollt. Sie verliert dadurch den beim Trocknen auf der Rolle entstehenden Drall und geht beim Wurf viel leichter durch die Ösen.

◁ *... und ein anderes Fliegenmuster ist angebracht?*

Unterm Uferbewuchs stehen immer welche. Es erfordert nur geschicktes Werfen.

Länger als ein halbes Jahr sollte eine Schnur nicht benutzt werden; sie wird danach rissig, brüchig und unelastisch, hält in den Knoten weniger und verheddert sich leicht. Hier zu sparen, bringt Ärger. Das gilt nicht für die Schnur der Fliegenrute.

Als Haken empfehle ich langstielige, damit sie leichter zu binden und vor allem beim Lösen der Fische besser zu fassen sind. Die Größen 5 bis 7 sind richtig. Es sind nur Schonhaken zu nehmen oder die Widerhaken abzukneifen bzw. an den Stiel zu drükken. Hierdurch können untermäßige Forellen leichter gelöst und unbeschädigt zurückgesetzt werden.

Das Vorfach der Fliegenschnur sollte nicht länger als zwei Meter sein, zusammengesetzt aus immer dünneren Schnurteilen. Es ist einzufetten. Das Vorfach der Treibangel muß etwas dünner als die Hauptschnur und mit dieser mit einem kleinen Wirbel verbunden sein. Es sollte 25 cm nicht überschreiten, da in den flachen Bächen der Abstand zwischen Schwimmer und Haken oft weniger als 30 cm beträgt.

Als Schwimmer für die Treibangel bewährt sich eine farblose Kunststoffkugel im Durchmesser von zwei bis drei Zentimetern. Sie erscheint der Forelle als Luftblase und macht sie nicht mißtrauisch. Im übrigen rutscht sie an Hindernissen auf der Oberfläche des Baches besser vorbei als Schwimmer üblicher Art. Mit etwas Wasser gefüllt, ist sie ein gutes Wurfgewicht. Bei starken Strudeln nach Wehren empfiehlt sich auch eine farbige Kugel.

Bei Anwendung eines Wirbels sind Bleikügelchen nicht notwendig, es sei denn bei

sehr starker Strömung, zum Beispiel in Strudeln zwischen Felsgestein. Das Vorfach der Naßfliege (s. unten) unterscheidet sich nur dadurch, daß ein sehr kleines Bleikügelchen direkt neben der Fliege anzubringen ist. So wirkt es wie das Köpfchen des Insektes.
Wird ein Blinker benutzt, kann ein Vorfach fehlen. Er sollte über einen Wirbel direkt an einer 40er Schnur befestigt werden. Mit ihr wird manch Hängergrund aus dem Wasser gezogen, ohne zu reißen. Leider ist das bei dem normalen Haken und der Naßfliege nicht möglich, weil beide aus Tarnungsgründen ein dünneres Vorfach benötigen. Der Blinker übt aber einen so starken Reiz auf den Fisch aus, daß dieser die dickere Schnur übersieht.
Blinker sind einzeln in Kunststoffschächtelchen unterzubringen, um ein gegenseitiges Verhaken zu verhindern.
Grundsätzlich sollten alle Fische mit einem Kescher herausgehoben werden, um unnötige Quälereien gehakter Fische zu vermeiden und die Überlebenschancen zurückzusetzender untermäßiger Forellen zu erhöhen. Wegen der schwierigen Fangverhältnisse an diesen Bächen ist nur ein Watketscher mit etwas längerer Gummischnur angebracht.

Köder

Im Grunde nehmen Bachsalmoniden alles, vor allem, wenn es sich noch bewegt. Ich will nicht näher auf die verschiedenen Fliegen eingehen, hier gibt es genügend Literatur und darüber hinaus weiß es zudem jeder besser. Meine Erfahrungen sagen, daß bei normalem Tageslicht rötliche oder bräunliche Fliegen anderen immer vorgezogen werden. Das gilt auch für die Naßfliege. Grundsätzlich nehmen Bachforellen die Fliegen eher als die beiden anderen Arten. Weiterhin steigen sie nur nach den Fliegen, wenn es sie auch in der Natur gibt. Das gilt jedoch nicht für Nymphen – sie werden zu jeder Jahreszeit genommen.

Als fängigste Blicker erweisen sich kleine, leichte, mit um eine dickere Mittelachse rotierende Blättchen. Auch sie sollten mehr ins Goldene bis Rötliche gehen. Mit ihnen fängt man auch die größeren Räuber, die nur noch selten an die Fliege oder den Regenwurm gehen. Ein Abblinkern der tieferen Stellen im Bach bringt zuweilen die schönsten Erfolge und damit Erlebnisse. Auch das ist Hege, da die großen Raubforellen den Nachwuchs stärker dezimieren, zumal in den kleinen Bächen dieser kaum Möglichkeiten zum Ausweichen hat. Er kommt an einer großen Forelle nur vorbei, wenn diese gerade satt ist.
Für die Treibangel eignet sich alles, vom natürlichen Insekt (Heuschrecken!) über Würmer und Maden aller Art, Leberstreifchen bis zum toten Fischchen. Bei Ködermangel kann auch das Eingeweide des zuletzt gefangenen Fisches dienen.
Insgesamt kann gesagt werden: Je kleiner der Köder, um so eher besteht die Gefahr, untermäßige Forellen zu fangen. Mit der Größe des Köders kann also auch etwas der Hege gedient werden. Das gilt weniger für die Fliegenfischerei, da schon beim Biß kleiner Forellen durch Unterlassen des Anhiebs ein Haken verhindert wird, da alle Forellen, wenn kein Anhieb erfolgt, die Fliege wieder ausspucken – wohl weil sie erkennen, daß es kein echtes Insekt ist. Andererseits lassen sich gerade mit der Fliege gefangene Forellen noch im Kescher sehr leicht lösen und zurücksetzen.
Regenwürmer kann man teuer kaufen oder mühselig im eigenen Garten erbuddeln. Wer übrigens in seiner Nachbarschaft fanatische Angler hat, biete ihnen den Garten zum Suchen an – sie werden ihn auf Dauer kostenlos umgraben! Besser ist die Anlage einer Wurmecke. Hierzu mische man Zeitungspapier, Gemüseabfälle, Kartoffelschalen, Grassoden und Gartenerde. Wenn dieser Haufen genügend groß ist, bei Trockenheit begossen wird und man darauf achtet, ihn nicht mit Kalk und tierischen Abfällen zu versehen, sammeln sich in ihm schnell größere Würmermengen.

Unterhalb der Wehre stehen die Größten. Bei stärkerem Wasser gehen sie fast nur auf Blinker.

Fangverfahren

Dem Bach nähere man sich oberhalb der Stelle, die man zuerst beangeln will. Sodann wird bachabwärts gefischt und bekannte unergiebige Stellen ausgelassen. Man gehe sehr langsam und nicht zu fest auftretend an den Bach und vermeide beim Waten zu starken Lärm. Forellen sind gegenüber Erschütterungen und fremden Geräuschen sehr empfindlich. Das gilt weniger an geräuschstarken Wehren und Stromschnellen. Beim Waten ist Vorsicht vor glitschigen Steinen und Schwemmsand geboten. Da mit der Trockenfliege möglichst stromaufwärts zu werfen ist, wird hierzu auch bachaufwärts gefischt.

Man versuche, von möglichst weit oberhalb des vermuteten Standortes einer Forelle die Fliege bzw. den Blinker zu werfen oder den Köder treiben zu lassen. Besondere Erfolge verspricht das Verbringen eines Köders unter schwimmende Deckungen – hierzu kann das Verlängern des Abstandes zwischen Köder und Schwimmer von Vorteil sein. Gumpen sollten besser von unten befischt werden, erst am Auslauf, dann im seitlichen Widerstrom den Köder treiben lassen und ihn erst zuletzt oberhalb des Einlaufes zu werfen. Man beachte jedoch, daß Strömungsrichtung und Gumpentiefe jahreszeitlich Unterschiede aufweisen.

Geht man zurück zum Ausgangspunkt, empfiehlt es sich, in den größeren von Buschwerk freien Stellen, Köder noch einmal stromaufwärts zu werfen. Hierbei zeigen sich Forellen nicht so scheu, weil sie wohl – da sie stets in Stromrichtung stehen – den Angler in dieser Position schlechter sehen können. Kommt ein Biß nicht sofort, bringen oft weitere Versuche Erfolg.

Forellen »dösen« oft und werden erst nach etwas Unruhe wach. So ist es nicht selten, daß trotz anfänglicher »Stille« nach dem ersten Fang bald weitere folgen. Nach fünf erfolglosen Versuchen sollte jedoch für diesen Tag eine andere Stelle gewählt werden. Ähnliches gilt auch für das Fischen mit dem Blinker. Da der Wurf mit ihm durch tief hängende Zweige oft nicht möglich ist, lasse man ihn an einem Schwimmer, passend zu seinem Gewicht, bis über den vermuteten Forellenstandort hinaustreiben und ziehe ihn dann langsam ein. Langsam deswegen, weil er bei den empfohlenen leichten Modellen und der vorhandenen Strömung schnell an die Oberfläche kommt. Entscheidend ist, daß sich das ovale Blättchen schnell dreht. Nach einem Versuch hat man das im Gefühl.

Zeigt sich trotz guten Wassers ein großer Gumpen »leer«, steht oft doch eine ganz große Forelle von einem Kilo und mehr darin. Sie kann man zuweilen mit einem kleinen Wobbler oder toten Fischchen an einem kleinen Drilling überlisten.

Das Anschlagen sollte frühzeitig erfolgen, damit der Haken noch im Maul dieser gefräßigen und schnell schluckenden Fische sitzt. Sollte es dennoch zu einem sehr tiefen Sitz des Hakens kommen, töte man den Fisch sofort und versuche dann, den Haken zu lösen. Macht auch das Schwierigkeiten, knüpfe man das Vorfach aus dem Wirbel und befestige an diesen ein neues Vorfach mit Haken. Das alte Vorfach löse man erst beim Ausnehmen der gefangenen Forelle.

Getötet werden Forellen durch einen kräftigen Schlag auf den Kopf mittels eines runden Holzes. In der Länge von 30 cm – damit hat man auch das Maß für fangfähige Forellen gleich zur Hand – fertige ich mir diese Hölzer aus alten Besenstielen. Die Enden feile ich etwas zu, damit sie besser in den Stiefelschacht passen. Der Sportfischer vermeide jede Quälerei. Wenn Fische bei Schmerz schreien könnten, würde heute die Welt erdröhnen!

Nach Abschluß des Fanges nehme ich an einer günstigen Stelle noch alle Fische aus, reinige sie im fließenden Wasser, lege sie zwischen große Blätter und werfe das Eingeweide etwas zerkleinert oberhalb guter Forellenstände in den Bach. Ich kann dann noch sicher sein, beim nächsten Fang dort wieder gute Forellen zu finden.

Für jede Jahreszeit, für jedes Gewässer die beste Fliege!

Mein Fangverfahren: Fliegenfischen überall dort, wo ohne größere Ausbauten der Strecke es möglich ist, um die oft wilde Natur – unsere kleinen Bäche zeigen die letzte Urlandschaft – möglichst voll zu erhalten. Weiterhin ein mehrfaches Abblinkern der großen Gumpen nach Räubern, und schließlich dort mit der Treibangel, wo größere Raubforellen zu vermuten sind wie größere zugewachsene Gumpen. Hierbei öfter Köderwechsel. Bei diesem Verfahren jedoch grundsätzlich mit Glatthaken und frühem Anhieb, um nicht Untermaßige so tief schlucken zu lassen, daß sie getötet werden müssen.

Grundsatz: Lieber eine Forelle verlieren, als diese zu tief schlucken zu lassen.

Der flache Seitenwurf erfordert großes Können.

Ort

Es empfiehlt sich, der unteren Strecke eines Pachtabschnittes verstärkte Aufmerksamkeit zu widmen. Große Forellen wandern bei Überbesatz und ungenügendem Futterangebot, von der Laichzeit abgesehen, immer abwärts. Es müssen also dort die besten der Strecke zu fangen sein. Auch wird hierdurch der Gefahr begegnet, daß sie das Pachtgebiet verlassen und dem bachabwärts gelegenen Abschnitt zur Bereicherung werden. Jeder Fangtag sollte daher mit dieser Strecke beginnen. Die Gesamtstrecke ist aber mindest zweimal, einmal davon am Beginn der Fangsaison, durchzufischen und hierbei auf große Raubforellen zu achten. Das gilt besonders im Frühjahr für Strecken, die Quellgebiete umfassen. Nach der Laichzeit ver-

bleiben hier zuweilen noch monatelang an günstigen Stellen große Forellen stehen. Erst mit beginnender Regen- und damit Wasserarmut des Sommers wandern sie ab. Besatzstellen und eine daran anschließende etwa 500 m lange Strecke abwärts sind zuvor von größeren Forellen freizufischen (s. auch Seite 29).
In der mittleren Strecke empfiehlt es sich, immer nur an den besten Stellen (Gumpen) zu fischen, da dort nur die größeren stehen. Wird eine dieser Stellen freigeangelt, dauert es nur kurze Zeit, und die nächststarke Forelle steht dort. Auf diese Weise wird auch Hege betrieben, da an den weniger guten Stellen mehr Untermaßige an die Angel gehen würden. Das sind übrigens auch die Stellen, in die ich Abfälle aus dem Haushalt oder die Eingeweide der ausgenommenen Fische werfe. Auch nach starken Regenfällen ist die Gesamtstrecke durchzufischen, da bei Hochwasser meist ein Revirement stattfindet.
Wie schon bemerkt, ist es in kleineren Pachtstrecken nicht angebracht, besondere Schonstrecken festzulegen. Es gibt in jedem Bach gute Standorte für Forellen, die wegen Unzugänglichkeit nicht befischbar sind und hierdurch wie verteilte Schonabschnitte wirken. Ist die Höhe eines Wehres auch bei Hochwasser noch über einen Meter, habe ich mir angewöhnt – vorausgesetzt, die Pachtstrecke hat Laichgebiete – kurz vor Ende der Fangsaison unterhalb gefangene große Forellen oberhalb gleich wieder einzusetzen. Ich hoffe, hierdurch mehr natürlichen Nachwuchs zu gewinnen.
Wo an guten Stellen keine Fische angetroffen werden, ohne daß es hierfür eine erkennbare Ursache gibt, ist der Grund oft eine starke Raubforelle, die nur sehr schwer zu fangen ist, da meist sehr mißtrauisch. Sonst wäre sie ja auch nicht so groß geworden. Hier heißt es, mit aller Kunst heranzugehen – es lohnt sich – wenn auch manchmal erst nach längeren Versuchen. Raus muß sie aber aus diesen engen Gewässern.

◁ *Auch hier kann gut die Flugangel eingesetzt werden.*

Anzahl

Die Anzahl richtet sich nach der Produktivität (siehe hierzu Seite 26) des Baches, deren genaue Höhe man jedoch erst im Laufe der Jahre erkennt. Ein Indiz der Begrenzung ist das Verhältnis der Fänge maßiger zu untermaßigen Forellen. Überwiegen letztere, ist der Fang zu beenden, da untermaßige Forellen an guten Standorten erst dann an den Köder gehen, wenn größere nicht mehr vorhanden sind. Nur ein höherer Besatz läßt dann – allerdings erst zwei Jahre später – erkennen, ob die Produktivität des Baches erreicht worden war. Gibt es auch hierdurch keine besseren Fangergebnisse, war bereits die Kapazitätsgrenze erreicht. Dann muß man sich mit diesen Zahlen abfinden und braucht nur noch entsprechend (Entnahme + 200 %) zu besetzen. Erkenntnisse hierüber und damit über die jährlichen Fang- sowie Besatzquoten sind eben erst nach vier bis fünf Jahren zu gewinnen. Voraussetzung ist eine gute Beobachtung der Fänge (Statistik). Man sollte aber immer versuchen, die größte Fangzahl zu erreichen, da zu geringe Fänge die Produktivität eines Baches nicht ausschöpfen und hierdurch Raubforellen mit ihren negativen Begleiterscheinungen hochkommen. Auch gehen die Zuwachsraten im vierten und fünften Jahr bei Forellen zurück. Man kann also das Höchste aus einem Bach nur herausholen, wenn die Forellen durchschnittlich nicht größer als 500 Gramm werden.
An einem Tag sollten immer nur so viele Forellen gefangen werden, wie man in den folgenden drei Tagen benötigt. Die nicht sofort verbrauchten lege man ausgenommen in ein Tiefkühlfach. Sofort verarbeite-

Baumstämme bieten gute Deckung.

te Forellen verbiegen sich, einen Tag im Eis gelegene gehen flach in Topf und Pfanne. Ein Liegen über zwei Tage hinaus geht auf Kosten des Geschmacks, auch ist das Fleisch dann trockener.
Wie bereits genannt (Seite 26), werden von einem Besatz einjähriger Bachsalmoniden in normalen kleinen Bächen etwa 35 % wiedergefangen. Sind es weniger, sollte ein höherer Besatz vorgenommen werden. Wo bleiben die restlichen 65 %?
Hier gibt es folgende Möglichkeiten: War der bisherige Bestand nicht der Kapazität des Baches entsprechend, geht in den ersten Jahren ein Teil in die Erhöhung, Schwarzfischerei, Eisvögel, Fischreiher, Kannibalismus, Abwanderung bei Überbesatz und/oder normale Verluste. Wobei – wie oben bereits beschrieben – 80 % der obigen 65 % – also etwa 50 % des Gesamtbesatzes – dem Kannibalismus zuzuschreiben ist.

◁ *Ein nicht nur guter Standort für große Forellen.*

Größe

Im eigenen Interesse gewöhne man sich an, aus einem futterreichen Bach Forellen nur zu entnehmen, wenn sie 28 cm erreicht haben. Auch, wenn es ab 22 cm erlaubt ist. 22 cm sollte nur für futterarme Bäche (diese zeigen weniger grüne Wasserpflanzen) gelten. Aus diesem Grunde dürfen auch aus den futterarmen Gebirgsbächen Bayerns und Österreichs zum Teil schon Forellen ab 18 cm entnommen werden. In den Bächen der Mittelgebirgslandschaft werden sie aber bis 50 cm groß.
Es heißt nun aber, noch einigen anderen Tatsachen und Behauptungen gerecht zu werden, wie: »Es schmecken am besten die kleineren Forellen, Forellen unter 30 cm bringen – wenn überhaupt – keinen guten Nachwuchs, und große Forellen dulden keine Konkurrenz im eigenen Jagdgebiet und sind ab 35 cm nur noch reine Kannibalen und müßten raus.«
An all dem ist etwas dran, und jeder muß hier einen Entschluß fassen. Entscheidend ist auch, ob der Abschnitt im Quellbereich

liegt oder schon einen etwas breiteren Bach zeigt.
Ich nehme im Quellgewässer (bis 30. August) alle ab 25 cm und im übrigen Bereich erst ab 30 cm heraus, da in den hier beschriebenen engen Gewässern in anderen Fällen der Besatz oder natürliche Nachwuchs eine noch geringere Überlebenschance hätte.

Fangen mit der Hand

Das Fangen mit der Hand ist nur möglich, weil Forellen auf der Flucht vor einer Gefahr sofort ihr Versteck aufsuchen und ihr Instinkt sie dort verharren läßt. Kann sie ihr Versteck nicht mehr erreichen, schießt sie stromaufwärts und sucht sich dort eine – dann jedoch meist nicht so gute – Deckung.
In beiden Fällen kann sie vom Ufer her oder beim Waten im Bach gegriffen werden. Mit der Zeit kennt man in seiner Pachtstrecke die beliebtesten Deckungen, wobei jedoch größere Wassermengen nach Schneeschmelze und lange andauerndem Regen Änderungen hervorrufen.
Die Forelle steht im Versteck immer mit dem Kopf gegen den Strom. Das ist der Grund, warum bei dieser Fangart im Gegensatz zur Treibangelei grundsätzlich stromaufwärts vorgegangen wird. Im übrigen ist dies eine Fangart, die der Hege sehr entgegenkommt, denn man fühlt bereits bei der ersten Berührung, ob es sich um eine größere Forelle handelt. Spätestens beim Herausnehmen kann es genau festgestellt und die Forelle, wenn nötig, unbeschädigt zurückgesetzt werden. Weiterhin kann man auf diese Art gut feststellen, ob der Bach natürlichen Nachwuchs zeigt. Fängt oder sieht man dabei kleine Forellen – kleinere als die des Besatzes – das Versteck verlassen, kann es sich nur um Bachnachwuchs handeln.
Da bei der Bachforelle das Ausharren in einer Deckung am stärksten entwickelt ist, wird bei einem Mischbestand fast nur diese mit Hand gefangen. Regenbogenforellen flüchten leichter aus Verstecken, und Saiblinge suchen sie noch weniger auf.

Begleitfische und Krebs

Auf der ganzen Strecke anzutreffen sind Mühlkoppen und Krebse, in etwas tieferen Gewässern Aale, Döbel, Elritzen und Gründlinge. Vereinzelt treten noch in besonders breiten und tiefen Stellen Barben und in breiten, nicht zu stark fließenden Abschnitten mit viel Unterwasserpflanzen auch Äschen auf. Es soll hier nur über die Krebse, Mühlkoppen, Döbel, Aale, Elritzen, Gründlinge und Plötzen gesprochen werden, die zum Teil Laichräuber sind, zum Teil aber auch unseren Bachsalmoniden als Nahrung dienen – alle jedoch sind sie Futterkonkurrenten.

Krebs

Gleich nach Übernahme einer Pachtstrekke erkundige man sich, wo immer möglich, nach Krebsen. Auch bei einem »Nein« sollte der Versuch, an warmen Sommerabenden mit einem Krebsteller in einem größeren Gumpen Krebse zu fangen, nicht unterbleiben. Es gibt heute mehr Bäche mit Krebsen, als angenommen wird. Hierzu befestige man auf dem Teller ein Stück alten Kuhmagen oder Abfälle (Eingeweide) vom Fang zuvor und lege ihn für eine halbe Stunde aus. Wenn sich auch bei mehreren Versuchen kein Krebs fangen läßt, auch an anderen Stellen, stimmt das »Nein«. Ist das Wasser jedoch gut – Krebse sind empfindlicher als Forellen – kann versucht werden an ruhigen Stellen Krebse einzusetzen und später durch Fangkontrollen festzustellen, ob sie sich halten. Entspricht ihnen das Wasser, vermehren sie sich gut. Im vorigen Jahrhundert hat es noch in allen Bächen Krebse gegeben, und da heute die Bäche wieder sauberer werden, ist vor allem in den oberen Quellgewässern ein Neubesatz schon wieder möglich.
Da aber Krebse erst nachts aktiv werden sind Fänge nur bei Dunkelheit möglich.

Mühlkoppe

Sie ist ein am Grund und fast immer unter einer Deckung lebender, gedrungener, breitköpfiger und im Körper flacher, dunkler Fisch, der höchstens 15 cm lang wird, meist aber nicht über 10 cm kommt. Sie huscht von einer Deckung in die andere und ist zu finden, wenn man im klaren Wasser größere Steine wendet. Sie geht an kleine Wurmstückchen, die am Grund nicht zu schnell entlangschleifen. Insgesamt sieht sie mit ihren fächerförmig breiten Brustflossen, dem breiten Maul und etwas stacheligen Rückenflossen nicht besonders attraktiv aus. Sie ist allerdings ein Indiz für das Vorhandensein von gutem Wasser, ist aber auch ein erheblicher Laichräuber. Bäche von ihr zu befreien, ist jedoch bisher noch nicht gelungen. Sie ist aber nicht nur Futterkonkurrent, sondern in kleineren Exemplaren auch Nahrung für die Forellen. Für den Fang größerer Forellen kann die Mühlkoppe ein guter Köder sein.
Darauf achten, in verschiedenen Bundesländern ist der Fang mit Lebendköder untersagt.

Döbel

Ihn, in Süddeutschland auch Aitel genannt, braucht man nicht zu suchen. Sind Döbel vorhanden, stehen sie in etwas ruhigerem Wasser in kleineren Schwärmen zusammen. Sie sind am Schwarm und den dunkleren Schwanzflossen leicht von einer Forelle zu unterscheiden; außerdem schwimmen sie nicht so schnell. Man fängt bald einen, da er u. a. die gleichen Köder wie Forellen liebt. Döbel können sehr groß werden und sind dann besonders gefährlich, weil sie auch der Forellenbrut nachstellen. Gebraten, auch sauer eingelegt,

Scheren und Schwanz ausgestreckt zeigt er eine Länge von 28 cm!

schmecken sie gut; leider haben sie jedoch viele Gräten.
Da der Döbel die Kapazität des Baches verringert, heißt es also, ihn herauszufangen. Hierbei stellt man bald fest, daß der Döbelfang auch Spaß macht und bei der Vorsicht dieses Fisches zu einem interessanten Sport – auch mit der Fliege – werden kann. Der größte Vorteil ist jedoch, daß es für ihn keine Schonzeit gibt, und man somit auch im Winter Angelerlebnisse haben kann. Hierbei kann gleichzeitig die Pachtstrecke kontrolliert werden. In dieser Jahreszeit fängt man ihn leicht bei stärkerem Wasser und nach Niederschlägen in den strömungsärmeren Ecken. Dort oder in einer langsam laufenden Gegenströmung in einer größeren Ausbuchtung steht er im Schwarm; vom ersten bis zum letzten Fisch nehmen sie bei etwas trübem Wetter und Wasser die Köder.
Um dabei nicht Forellen zu fangen, verwende ich Rinderrückenmark als Köder. An einen großen Haken gehört ein halber Kubikzentimeter, den ich langsam zum vermuteten Döbelstandort treiben lasse. Ich habe mit Rückenmark nur eine bis zwei Forellen auf hundert Döbel gefangen. Ab Februar geht der Döbel jedoch weniger an die Angel.

Elritze

Sie ist ein heute selten gewordener kleiner Schwarmfisch, der sehr empfindlich gegen Verschmutzung ist. Er stellt eine gute Nahrungsgrundlage der Bachsalmoniden dar. Wird dieser Fisch in der Bachstrecke festgestellt, ist das ein sehr gutes Zeichen für die Wasserqualität.

Gründling

Von ihm gilt das gleiche wie für die Elritze. Er wird wohl etwas größer als diese, in den kleinen Bächen jedoch kaum nennenswert. Im Gegensatz zur Elritze lebt er am Grund. Beide sind gute Köder für Raubforellen und halbiert für Aale.

Aal

Es gibt kein Rinnsal und keinen Bach, in dem nicht auch Aale zu finden sind. Das gilt besonders in der Ebene und in der Mittelgebirgsregion. Er ist neben den Salmoniden der interessanteste Fisch in unseren Bächen.
Er steigt über unüberwindlich erscheinende Wehre bis in kleine Quellrinnsale. Zumindest ist er in den Gumpen zu finden, und es ist immer wieder erstaunlich, welch große Aale in Sommernächten dort gefangen werden. Zweipfündige bei Längen um 80 cm sind keine Seltenheit. Als Laichfresser ist er jedoch nicht sehr gern gesehen. Man sollte daher jährlich mindest einmal alle Gumpen – vor allem der oberen Region – nach ihm abfischen.
Zu fangen ist er leicht, da er den Köder in dem engen Raum der Bachgumpen bei seinem feinen Geruchssinn immer findet. Er geht jedoch erst bei völliger Dunkelheit auf Futtersuche. Wegen des starken Uferbewuchses finde man sich möglichst früh an der zu beangelnden Stelle ein, um die besten Ansitze auszuwählen und für die nächtliche Angelei frei zu schlagen.
Beginnt man mit dem Angeln sehr früh, schon in der Dämmerung, fängt man mit Sicherheit erst einmal sehr starke Forellen und Döbel. Besonders sind Döbel zu dieser Zeit sehr aktiv. Sie verfügen ebenfalls über einen guten Geruchssinn, denn auch bei trübem Wasser und sogar noch bei vollständiger Dunkelheit finden sie den auf Grund liegenden Köder.
Am besten sind Neumondnächte; um 24.00 Uhr ist aber im Hochsommer, sonst um 23.00 Uhr, die Hauptfangzeit beendet. Sie soll noch einmal gut vor der Morgendämmerung sein, aber so lange hält wohl kaum einer aus, zumal es zumeist gelingt, den oder die Gumpenaale bereits vor Mitternacht zu fangen. Hören trotz günstiger Verhältnisse die Bisse auf, ist der Gumpen leer, dann geht man eben zum nächsten. Zumeist ist in dem gleichen Jahr im leergeangelten Gumpen kein Aal mehr zu fangen; erst im folgenden sind Fänge wieder möglich, zum Teil sogar erst nach mehreren Jahren. Die Fangzeit ist vom Mai bis Ende Oktober, wobei Juni bis September den Höhepunkt darstellen.
Als Angel eignet sich jede stärkere Rute. Als Schnur nehme man eine 40er, um in dem Wurzelgewirr starke Aale nicht zu verlieren. Auf sie ziehe man eine durchlöcherte Bleikugel, die so stark sein muß, daß sie nicht durch den Endring der Rute geht. An das Ende der Schnur gehört ein kleiner Wirbel, der so dick ist, daß er nicht durch die Bleikugel geht. An den Wirbel gehört mit Vorfach ein 2er-Haken.
Als Köder eignen sich Tauwürmer, halbierte Gründlinge oder Eingeweide von Forellen. Man lege den Köder in die tiefste Stelle des Gumpen, aber nicht direkt in den Haupteinlaufstrudel, befestige an der Spitze der Rute ein Glöckchen, spanne die Schnur bis zur Fühlung mit der auf Grund liegenden Bleikugel und lasse wieder etwa einen Meter nach, um sie dann an der Rolle zu blockieren. Danach lege man die Angel über eine in den Boden gespießte Astgabel oder einen Rutenhalter. Bei größeren Gumpen oder einem nicht zu entfernt liegenden zweiten Gumpen kann eine zweite Angel ausgelegt werden. Neben die Astgabel ein helles Tuch oder eine fluorizierende Leuchtscheibe zu legen, ist von Vorteil. Taschenlampe, Leinentuch (zum Greifen der Aale), Schere, Reservehaken, Klappstuhl und ein befreundeter Mitangler sind zur Vervollständigung des Spaßes angebracht.
Beim Ertönen des Glöckchens heißt es, schnell zur Angel zu springen, weitere Schnur frei zu lassen, bis zehn zu zählen und dann anzuschlagen. Den noch gehakten Aal in einen Plastikeimer bringen und ihn erst dann in Ruhe bei Licht vom Wirbel

lösen. Haken und Vorfach werden erst später beim Versorgen des Aales gelöst. Nachts wäre das nur mit unnötigen Quälereien für das Tier verbunden. Über den Eimer gehört nach Lösen des Aales ein Deckel. Während des Aalfanges sollte mit Krebstellern versucht werden, ob sich nicht doch Krebse im Bach befinden.
Wie er mit Reusen gefangen werden kann, ist auf Seite 45 beschrieben.

Drei Bach-, eine Regenbogenforelle und ein 48 cm (!) langer Döbel (Mitte).

Plötze

In großen Gumpen, die auch ruhigere Buchten zeigen, sind öfter Plötzen zu finden. Da sie sich nicht als Laichräuber zeigen – sie gelangen gar nicht in Abschnitte, in denen die Bachsalmoniden laichen – und auch Jungfische nicht nehmen, sind sie, abgesehen von der Futterkonkurrenz, nicht störend. Man sollte sie daher nicht verdrängen, zumal auch ihr Nachwuchs ein gutes Forellenfutter abgibt. Im übrigen können dort, wo Plötzen gefangen werden, Versuche mit Besatz von Karpfen und Schleien gemacht werden.

Im Hintergrund zeigt sich ein erfolgversprechender Gumpen.

Zubereitungshinweise

Dieses Kapitel soll nicht alle Zubereitungsarten aufzeigen. Sie sind zu zahlreich und in vielen Büchern und Zeitschriften zu finden. Ich möchte hier nur auf einige mir wesentlich erscheinende Punkte hinweisen und nur abschließend ein skandinavisches Rezept – gebeizte Forelle – beschreiben.

Frische Forellen verbiegen sich, wenn sie bei der Zubereitung mit Hitze in Verbindung kommen. Das geschieht jedoch nicht mehr nach einer eintägigen Aufbewahrung im Kühlschrank. Wegen der Gefahr des Austrocknens müssen die Forellen hierbei mit einer Folie abgedeckt werden. Einen Geschmacksverlust habe ich durch diese 24stündige Verzögerung nicht feststellen können.

Längeres Einfrieren in der Tiefkühltruhe geschieht besser ohne vorheriges Ausnehmen, um auch hierbei ein Austrocknen weitgehend zu vermeiden. Das Einschlagen in eine Folie ist aus gleichem Grunde zwingend.

Forellen mit einem »Geschmäckle« können durch eine zweistündige Wässerung in einem Essigwasser-Gemisch von 1 : 10 davon befreit werden. Sie sollten hierzu bereits ausgenommen sein. Dieses Wässern kann auch erst nach dem Auftauen (Tiefkühltruhe) geschehen.

Forellen lassen sich – im Gegensatz zum Aal – sehr gut in den kleinen kastenförmigen Räucheröfen über der Spiritusflamme räuchern. Je nach Geschmack gebe man zum Räuchermehl mehr oder weniger Lorbeerblätter, Wacholderbeeren, Thymian und/oder Rosmarin. Neben einer vorangehenden Wässerung von rund drei Stunden in einer 8 %igen Kochsalzlösung ist das Trocknen in einem nicht feuchten Raum vor dem relativ kurzen Räuchervorgang für das gute Ergebnis entscheidend. Die Fische dürfen erst in den Ofen gegeben werden, wenn sie sich papiertrocken anfühlen; nach meinen Erfahrungen werden hierfür mindest 12 Stunden benötigt. Ein Räuchern im Freien ist nur bei völliger Windstille möglich.

Nun noch eine ausgefallenere Zubereitungsart, die ich jedoch sehr empfehlen kann. Sie ist nur bei großen Forellen anwendbar.

Man bereite pro Kilo Fisch eine Mischung aus vier Eßlöffeln Salz, zwei Eßlöffeln Zukker und einem knappen Eßlöffel grob gemahlenen weißen Pfeffer. Dann löse man die Filets der Fische von den Gräten und der Haut und reibe sie mit dieser Mischung ein. Nun kommen die Filets in eine Schale übereinander, wobei zwischen die einzelnen Lagen viel kleingehackter Dill gehört. Diese Schale gehört volle 24 Stunden, durch eine Folie abgedeckt, in den Kühlschrank. Zum Anrichten empfiehlt sich eine Soße (pro Kilo Fisch gerechnet) aus zwei Eßlöffeln Senf, vier Eßlöffel Öl, einem Eßlöffel Weinessig, einem halben Eßlöffel Zucker, etwas Salz und Pfeffer nach Geschmack und viel kleingeschnittenem Dill. In diese Soße gehören auch die abgespülten, gebeizten Forellenfilets, nach Wunsch auch in Gabelbissen zerkleinert.

Man kann aber auch die Haut am Filet belassen und dieses später mit einem sehr scharfen Messer schräg angesetzt in dünne Scheiben schneiden – wie geräucherter Lachs geschnitten wird.

Das Filieren geschieht mit einem langen, dünnen, scharfen Messer. Zuerst werden Rücken-, Bauch- und Schwanzflossen abgeschnitten; dann folgt der Kopf mit den Brustflossen. Danach wird mit einer Schere der Bauch aufgeschnitten und die Innereien entfernt. Nun zerlege man die Forelle

Es erstaunt immer wieder, welch große Forellen auch noch im Sommer in derartig kleinen Bächen zu finden sind. ▷

der Länge nach so, daß die Mittelgräte an der einen Hälfte verbleibt und mittels des Messers von hinten nach vorn allmählich gelöst wird. Die restlichen noch im Filet verbliebenen Gräten können mit einer kleinen Zange leicht entfernt werden.

Beide Arten sind kühl anzubieten – Weißwein und Toast passen gut dazu.
Grundsätzlich brate ich die kleineren Forellen, bereite die mittleren als Forelle blau, räuchere die größeren und beize in der eben beschriebenen Art die ganz großen.

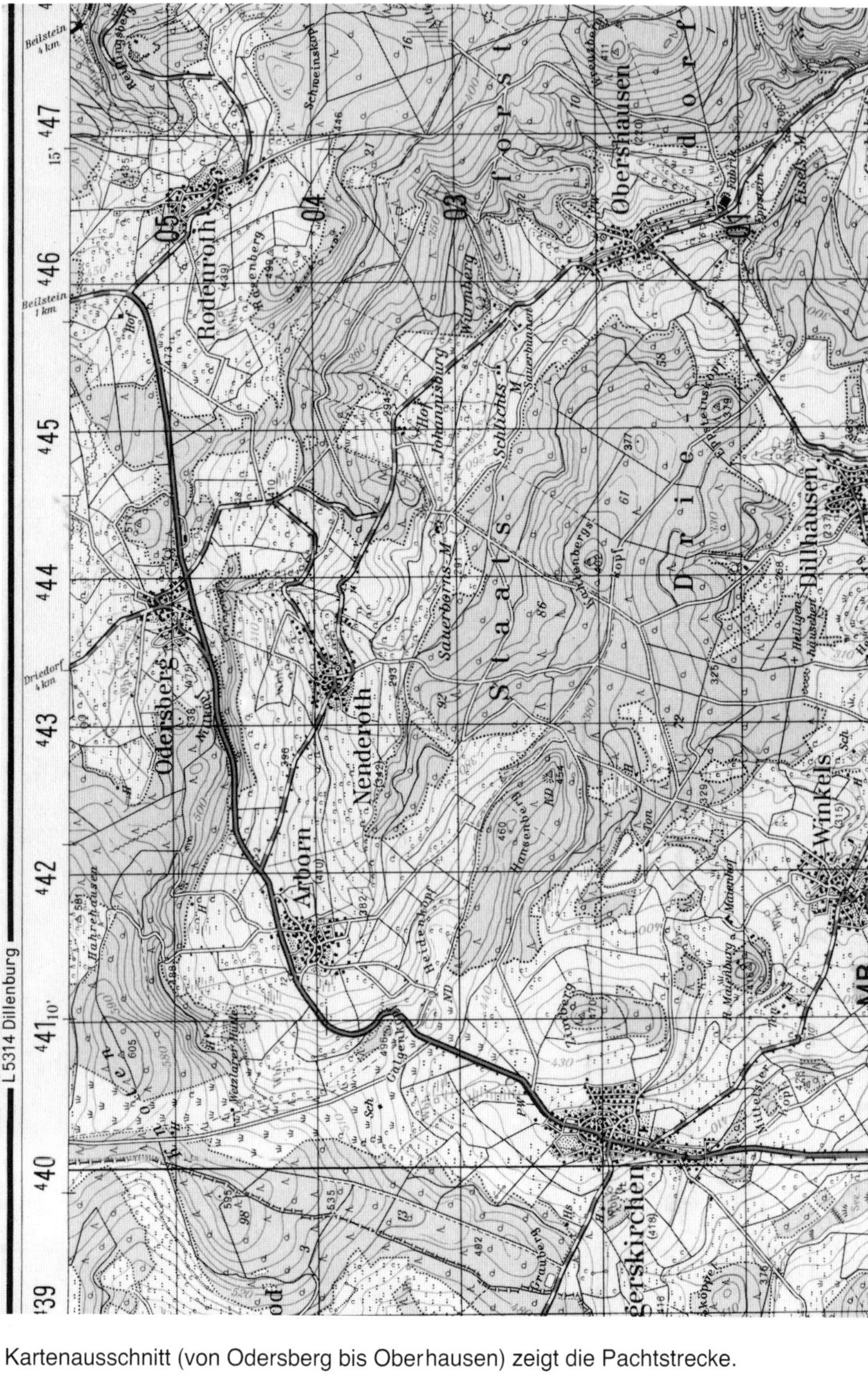

Kartenausschnitt (von Odersberg bis Oberhausen) zeigt die Pachtstrecke.

Ein Beispiel

Durch einen Glücksfall erhielt ich die Erlaubnis, in einem Teil des Kallenbachs, der vom Westerwald zur Lahn fließt, zu angeln. Der Bach hat eine Gesamtlänge von rund zwölf Kilometern und ist vom zuständigen Forstamt in drei Pachtabschnitte aufgeteilt. Meine Erlaubnis erstreckte sich auf das obere Los – von Arborn bis Obershausen. Es wies eine Länge von gut fünf Kilometern auf. Obwohl mir dieser Bach schon seit Jahren bekannt war, nutzte ich den Winter vor Beginn der Fangsaison zu einer sehr genauen Erkundung seiner Beschaffenheit. Als Nebenziel wollte ich dabei auch die Stellen festlegen, an denen sich Besatz eignet oder zwingend wird.

Mit dem Pächter einigte ich mich dahingehend, daß ich den Besatz übernehmen durfte und er mir seine Fänge nach Zahl, Art, Größe und Ort übermittelt, da ich beschloß, diese Pachtstrecke als »Ein Beispiel« für dieses Büchlein zu nehmen. Ich erhielt so die Möglichkeit, Besatz, Hege und Fang nach meinen Vorstellungen zu gestalten.

Gewässerbeschreibung

Meine Erkundungen ergaben folgendes Bild – siehe hierzu auch den Kartenausschnitt und die vereinfachte Skizze der Pachtstrecke auf der gegenüberliegenden und der Seite 72:

Der in Richtung Südost fließende Bach hat noch einen von Norden zulaufenden, stärkeren Nebenbach (Leyenbach), der relativ klares Wasser bringt und sich durch einen über 20 Meter hohen Wasserfall durch und über Basaltgestein auszeichnet. Neben Abwässern von drei Dörfern erhält der Kallenbach noch zwischen Arborn und Nenderoth den Zufluß aus der Tongrube. Hierdurch zeigt er nach Schneeschmelze und Regenfällen ein milchiges Aussehen bis zur Brücke 13. Während mir die Verschmutzungen durch die drei Dörfer weniger Sorgen bereiten, sehe ich her besondere Gefahren. Eine Reihe von Fischteichen – alle an Nebenfließen gelegen – beweisen den Zufluß guten Wassers, verringern (Verdunstung!) und erwärmen es aber auch. Außerdem gibt es mehrere saure eisenhaltige Quellen mit orangeroten Eisenoxydablagerungen, zumeist am Rande des Hauptbaches gelegen. Deren Wasser wird aus weiter Umgebung aus Gesundheitsgründen geholt; die Namen Sauerborn-Mühle und Sauerbrunnen weisen auf sie hin. Insgesamt zeigt sich aber das Wasser kalkhaltig. Sehr viele kleine Rinnsale – im Sommer nicht immer Wasser führend – reichern zumindest im Winter und den Übergangszeiten den Bach mit weiterem guten Wasser an.

Der Bach zeigte im Herbst – nach längerer Trockenzeit – diese ph-Werte:

• an der Brücke 3 bei Arborn	7,0
• an der Brücke 5	7,0
• an der Brücke 10 (Leyenbach)	7,5
• an der Brücke 13	7,5
• und am Wehr E	8,0

Er bot damit das übliche Bild der Westerwaldbäche – an der Quelle neutral und weiter unten etwas alkalisch, aber in einer Form, daß Salmoniden ihn noch »mögen«. Der Bachgrund ist mehr steinig als sandig, wohl auch bedingt durch sein starkes Gefälle. Von 520 m über dem Meeresspiegel stürzt er innerhalb von fünf Kilometern auf 210 m hinunter. Hierdurch zeigt er mehrere Wehre, weniger Gumpen und noch weniger langsam fließende Stellen. Er fließt durch Wiesengründe mit zum Teil urwaldähnlichen Busch- und Baumbeständen an seinen Ufern und an manchen Stellen gelingt es nur sehr schwer, an ihn heranzu-

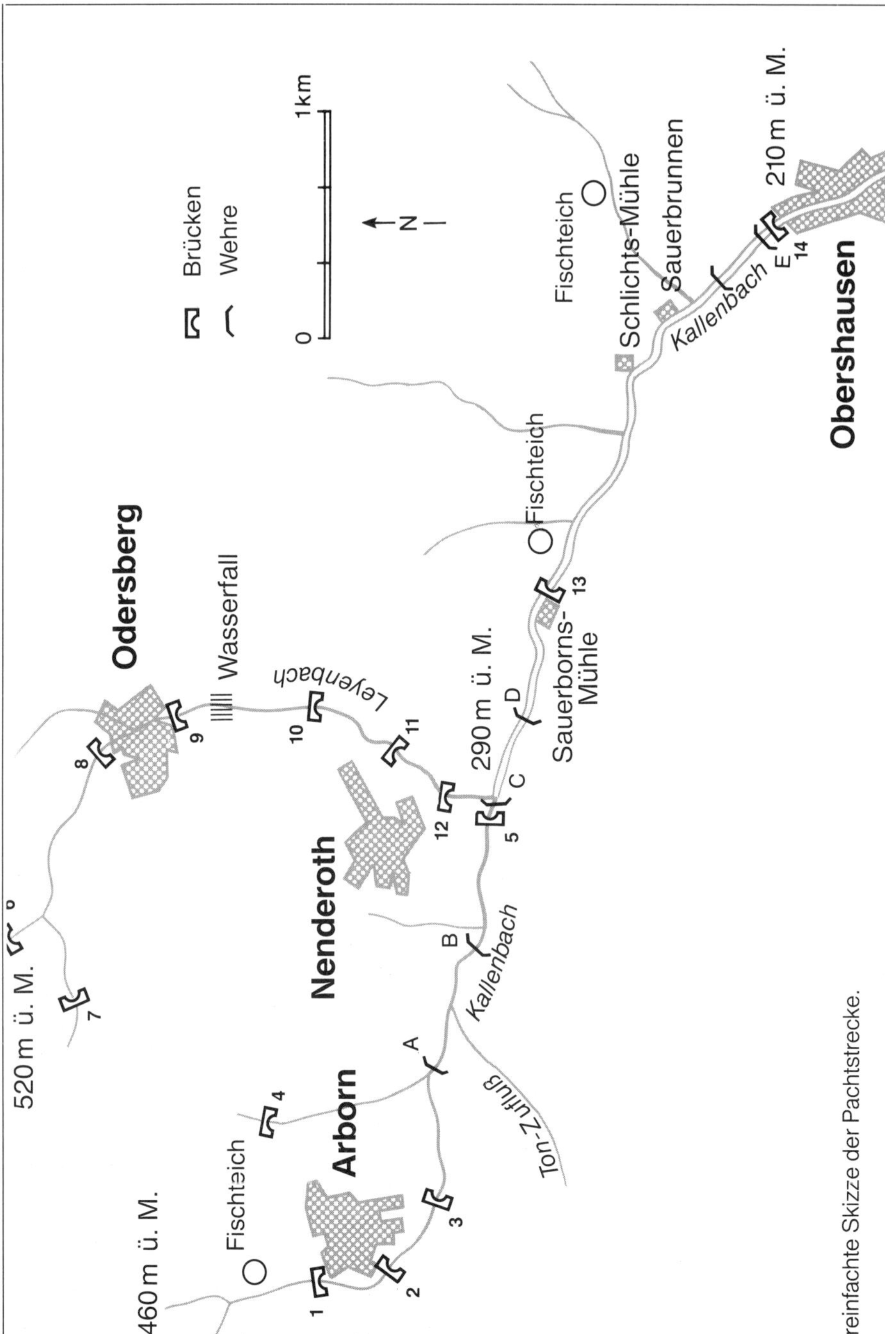

Vereinfachte Skizze der Pachtstrecke.

kommen. Die folgenden Fotos geben Eindrücke davon. Beim Abgehen sind viele Weidezäune zu überklettern, und zahlreiche Viehtränken lassen Stacheldrähte quer über den Bach laufen.
Zu meinen Erkundungen gehörten auch Fragen nach der Vergangenheit. Hierbei erfuhr ich (wie meist) vom Forellenreichtum früherer Jahre, daß man in den letzten Jahren aber nicht mehr viel gesehen habe. Auch sei die Wassermenge geringer geworden – etwas, was man ebenfalls von fast allen Bächen hört. Der Pächter berichtete von einem fünf Jahre zurückliegenden Dammbruch des Fischteiches nördlich von Arborn, und daß als Folge alles elektrisch abgefischt worden sei. Auch habe es vor drei Jahren eine größere Ölverschmutzung bei Nenderoth gegeben. In den beiden letzten Jahren habe er bei Arborn und Nenderoth jährlich 150 einjährige Bachforellen eingesetzt; auch seien aus seinem Forellenteich nordwestlich Sauerbrunnen einige Regenbogenforellen in den Bach entwischt. Es gelang ihm, in den letzten Jahren auch 30 bis 35 cm lange Bachforellen zu fangen, und er sei überzeugt, daß zur Zeit der Bach einen guten Besatz habe. Natürlich würden größere Forellen laufend in die unteren Bachabschnitte abwandern.

Blick von nördlich Nenderoth bachabwärts, rechts im Bild die Straße über die Brücke 5 führend.

So unterschiedlich kann sich das Wehr E zeigen.

Aus all dem schloß ich, einen günstigen Forellenbach vor mir zu haben. Bei der winterlichen Begehung sah ich jedoch keine einzige Forelle. Ich wußte aber aus eigenem Augenschein, daß in den unteren Abschnitten welche standen.

Sorgen bereiteten mir

- das Fehlen von genügend Sand- und Kiesböden,
- das doch recht starke Gefälle in den reinen Quellgebieten,
- der anormal wasserarme Sommer im Jahr zuvor,
- daß ein oberster Abschnitt immer sehr stark von Wasserschwankungen abhängig ist und
- die zuweilen starke Trübung durch die Tongrube.

Eine positive Zukunft versprach ich mir

- vom Plan, alle drei Dörfer in vier Jahren an einen Abwasserverband anzuschließen,
- von der Auflage an die Tongrube, in den kommenden zwei Jahren ihre Abwässer noch stärker zu klären und
- von der Absicht des benachbarten neuen Pächters, seine untere Strecke stärker als bisher zu besetzen.

Blick von Obershausen bachaufwärts. In der Bildmitte am Beginn der Pappeln befindet sich Wehr E.

Erstes Jahr

Besatz

Aufgrund der Ergebnisse meiner Begehungen und Erkundungen führte ich im Frühjahr (März/April) folgenden starken Anfangsbesatz durch:

1. Im Raum Arborn, unterhalb der Brücke 3, wurden 100 einjährige Regenbogenforellen sowie unterhalb der Brücke (Durchlaß) 4 in einem kleineren, aber das ganze Jahr über Wasser führenden Rinnsal 1000 Saiblinge (Brut) eingesetzt.
   Beides sollte mir zeigen, ob ein Durchkommen der durch den Tonzufluß sich ergebenden Verschmutzungsstrecke möglich ist. Regenbogenforellen wurden auch deshalb eingesetzt, weil immer behauptet wird, daß sie mehr als die anderen Bachsalmoniden abwandern. Sie erhielten hierdurch in der Bachstrecke den weitesten Weg. Ein weiterer Grund war aber ihre größere Widerstandsfähigkeit gegen Verschmutzungen. Bachsaiblinge wählte ich, um an ihnen festzustellen, ob überhaupt Brut hochkommt. Diese Frage ist bei der Empfindlichkeit von Brut im Verhältnis zu den heute meistens gegebenen Verschmutzungsgraden unserer Bäche wert, untersucht zu werden. Dies ist aber nur mit Bachsaiblingen möglich, weil sich diese Fische heute noch selten in den hier beschriebenen Gewässern befinden – eine Verwechslung mit eventuellem natürlichen Nachwuchs der anderen Salmoniden somit nicht möglich ist. Ich war sicher, daß es auch im Kallenbach bisher keine Saiblinge gab.
   So hätte es daneben noch den Erfolg, diesen schönen Fisch auch hier angesiedelt zu haben. In zwei bis drei Jahren würde es sich herausstellen und dann eventuell den Vorteil zeigen, nur noch durch Besatz mit weitaus billigerer Brut einen guten Bestand in der Pachtstrecke aufrechterhalten zu können.
2. Unterhalb der Brücke (Durchlaß) 10 wurden 130 einjährige Regenbogenforellen eingesetzt, um festzustellen, inwieweit sich der etwas wasserärmere Leyenbach überhaupt als Forellenbach eignet, und um sicherzugehen, daß bei einem Nichtdurchkommen der Ton-Strecke dennoch Nachwuchs dieser Art in der Pachtstrecke bliebe. Allerdings würde ich bei Fängen von Regenbogenforellen unterhalb des Wehres C nie wissen, zu welchem Besatz dieser Crew sie gehören, ja, ob sie überhaupt zum Besatz gehören. Fänge von Regenbogenforellen zwischen den Wehren B und C würden aber wohl – vorausgesetzt ihre Größe erlaubt die Zuordnung – mit großer Wahrscheinlichkeit zum Arborner Besatz gehören.
3. Eingesetzt wurden 300 einjährige Bachforellen ober- und unterhalb des Wehres C sowie im unteren Teil des Leyenbaches bei der Brücke (Durchlaß) 12, um diese Fische unterhalb der Verschmutzungsstrecke sicherer im Bach zu haben.
4. 100 weitere einjährige Bachforellen oberhalb der Brücke 13, weil hier das Wasser noch weniger tonverschmutzt war und diese Stelle besonders gut mit einem Wagen erreichbar war.

Ein Besatz mit einjährigen Forellen direkt unterhalb des Wasserfalles ist wegen der nicht vorhandenen Zufahrt nur sehr schwer möglich. Einen Besatz oberhalb des Dorfes Odersberg fand ich für das erste Jahr verfrüht, da die Einzelbäche wenig Wasser führten und Odersberg viel Abwässer zeigte. Außerdem hielt ich es für wenig sinnvoll, oberhalb eines 20 m hohen Wasserfalles Forellen auszusetzen.

Fang

Die ersten Fänge brachten einige Überraschungen. Getreu einem Plan, im untersten Teil der Pachtstrecke vordringlich zu fischen, begann ich ab Schlichtsmühle abwärts und stellte mit den ersten Würfen einen guten Bestand an Bachforellen und vereinzelt Regenbogenforellen fest. Sie standen zum Teil in Rudeln, doch waren sie in der Masse nur 15 bis 20 cm lang – also wohl zweijährig. Nur wenige Dreijährige – 25 cm und größer – gingen an die Angel. Ich begann danach auch andere Strecken zu befischen und fand von Arborn bis Wehr C keinen Fisch; ebenso war es im Leyenbach: Kein Biß bis zu seiner Mündung in den Kallenbach. Die erste Forelle fing ich im Kolk des Wehres C – eine sehr kleine Bachforelle, vermutlich vom eigenen Besatz zwei Monate zuvor.

Bis zum Wehr D jedoch wieder kein Biß, erst unterhalb dieses Wehres eine zweisömmerige Bachforelle. Von dort bis unterhalb Sauerbornsmühle erneut kein Biß – ? Erst ab hier standen Forellen, und zu meinem Erstaunen sehr große fünf- bis sechsjährige Regenbogenforellen, teils 35 cm und größer und bis zu einem Pfund schwer. Fast an jeder Anstauung und in jedem Kolk eine – bis sich ab Schlichtsmühle wieder Bachforellen zeigten. Ich fing die großen heraus, weil ich vermutete, daß diese Räuber kaum Nachwuchs durchlassen würden. Was konnte das bedeuten?

Die beiden kleinen Forellen an den Wehren C und D besagten zumindest, daß bis zum

Noch einmal das Wehr E – nun im Herbst.

Der Leyenbach unterhalb der Brücke 12 mit Frühjahrshochwasser.

Wehr C das Wasser nicht völlig forellenfeindlich war. Es blieb der Gedanke an noch vorhandende Auswirkungen der Ölverschmutzung vor drei Jahren. Aber wohl auch der ausnehmend trockene Sommer des Jahres zuvor mit seinen sehr geringen Wassermengen konnte mit Schuld tragen. Das galt zumindest noch mehr für den Bachabschnitt oberhalb des Zusammenflusses bei Nenderoth. Ich war daher gespannt, ob sich im Herbst, dem Zeitpunkt, an dem der Frühjahrsbesatz vermehrt an den Köder gehen würde, das gleiche Bild ergeben würde. Die starken Regenbogenforellen stammten wohl noch von dem Dammbruch des Forellenteiches oberhalb von Arborn vor fünf Jahren und waren vermutlich dem anschließenden elektrischen Abfischen entgangen. Auch sie waren ein Beweis, daß sich zumindest ab der Sauerbornsmühle Forellen länger halten können.

Am Ende der Fangzeit (30. Oktober) – es war übrigens ein regenreiches Jahr – erbrachte erneutes Kontrollfischen die Erkenntnis, daß von Arborn bis zum Wehr C immer noch kein Biß zu finden war, ab Besatzstelle im Leyenbach sich nun jedoch vereinzelt kleine Regenbogenforellen fanden und ein ziemlich dichter Nachwuchsbestand (Bach- und Regenbogenforellen) ab Zusammenfluß bis zum Wehr D und etwas schwächer bis zur Sauerbornsmühle stand. Zwischen dem Wasserfall und der Besatzstelle unterhalb der Brücke 10 stand aber immer noch kein Fisch.

Zusammenfassend ergab sich somit folgendes Bild: Bis zum Wehr C und bis zur Brücke 10 im Leyenbach kein Biß. Ab Brücke 10 bis zur Mündung des Leyenbaches in den Kallenbach gab es vereinzelt kleine Regenbogenforellen – wohl verbliebene des eigenen Besatzes im Frühjahr, und ab Zusammenfluß bis zu Sauerbornsmühle stand ein gemischter (Bach- und Regenbogenforellen) Nachwuchsbestand und dabei oberhalb des Wehres D dichter als unterhalb; sicher die meisten vom eigenen Besatz stammend. Ab Sauerbornsmühle und noch dichter ab Schlichtsmühle bis zur Pachtgrenze in Obershausen gab es fangfähige Bachforellen und Regenbogenforellen, gemischt mit Nachwuchs und die Bachforellen überwiegend. Von den eingesetzten Bachsaiblingen zeigte sich – wie zu erwarten – noch keine Spur.

Niedrigwasser im Sommer – zwischen Sauerbrunnen und Wehr E.

Nach Zahl, Art, Größe und Fangverfahren hatte das erste Jahr folgende Ergebnisse:

Größe	500 g und größer		um 400 g		300 g und weniger		Sa entnommen		zurück		Sa Fänge		Sa/Sa
Art	R	B	R	B	R	B	R	B	R	B	R	B	
Angel	5	1	8	7	17	27	30	35	16	44	46	79	125
Hand+)	–	–	–	13	1	24	1	27	–	–	1	37	38
Sa.	5	1	8	20	18	51	31	72	–	–	47	116	163

Hierbei bedeuten:

R = Regenbogenforelle
B = Bachforelle
Sa/Sa = alle Forellen zusammengezählt
zurück = untermaßige Forellen, die sich nicht verbissen hatten und zurückgesetzt werden konnten.
+) = Der Pächter, von dem ich die Erlaubnis zum Fischen erhalten hatte, fing Forellen grundsätzlich nur ab und zu mit der Hand. Das Interessante an dieser Aufstellung ist hierbei die Bestätigung der alten Erfahrung, daß mit der Hand vor allem die mehr im Versteck harrenden Bachforellen gefangen werden. Zurückgesetzte hatte er nicht gezählt, einen guten Bestand an Untermaßigen aber festgestellt.

Beurteilung

Nach dem Besatz war zu hoffen, ab Arborn und ab Brücke 10 (Leyenbach) spätestens im Herbst Fänge kleinerer Forellen zu haben. Das war jedoch für die Strecke Arborn – Wehr C überhaupt nicht der Fall und für den Leyenbach nur im geringen Ausmaß. Erst ab dem Zusammenfluß beider Bäche standen im stärkeren Maße Fische des Frühjahrsbesatzes. Entweder gab es im Gebiet oberhalb des Wehres C Schwarzfischer, die ja – insbesondere wenn es sich um Kinder handelt – auch kleinere Fische mitnehmen, oder gefiederte Fischfänger hatten in dem hier flacheren Gewässer größere Erfolge. Vielleicht aber war auch die Wassermenge hier wirklich zu gering, um Fische halten zu können. Wenn das für das vergangene Jahr zutraf, durch die Regenfälle im laufenden Jahr war das sicher nicht der Fall. Als die größere Wahrscheinlichkeit zur Erklärung dieser Leere erschien mir daher immer noch die starke Verschmutzung durch den Tonzufluß.

Die erste große Bachforelle fing ich im Kolk des Wehres D, dann die erwähnten Regenbogenforellen und schließlich Bach- und Regenbogenforellen im Kolk des großen Wehres E; bei letzterem handelte es sich wohl um Aufsteiger aus dem Abschnitt 11 unterhalb der hier beschriebenen Pachtstrecke. Das Vorhandensein von großen Regenbogenforellen bestätigte aber erneut meine Ansicht, daß diese Forellenart wohl inzwischen ihren ursprünglichen anadromen Hang etwas aufgegeben hat.

Interessant fand ich auch, daß ich außer Forellen keinen anderen Fisch fing und nichts darüber feststellen konnte. Der

Frühjahr zwischen Schlichtsmühle und Sauerbrunnen. ▷

Pächter bestätigte mir jedoch, daß er beim Fangen mit der Hand im unteren Teil der Strecke bisher stets auf Krebse gestoßen sei.

Als Vorhaben für das zweite Jahr legte ich fest: Neben Brut wollte ich noch 200 Einjährige einsetzen. Diese Zahl erschien mir vorerst ausreichend, die 103 entnommenen Fische zu ersetzen. Ich beschloß, im Frühjahr noch einmal den Gesamtbereich der Strecke zu befischen und scharfe Fänge erst ab »Zusammenfluß« vorzunehmen.

Unterhalb der Brücke 13.

Zweites Jahr

Besatz

Wie geplant, setzte ich 200 einjährige Forellen und Brut ein, und zwar:

1. 100 Bachforellen südlich von Arborn (Brücke 3) und 100 Regenbogenforellen oberhalb des Wehres bei Brücke 5 (südlich Nenderoth).
2. Zwischen der aufgegebenen Teichanlage und Arborn (Brücke 1)
   500 Saiblingsbrut um erneut festzustellen:
   kommt Brut hoch, und wenn ja,
   halten sich die Saiblinge im Pachtabschnitt? (Wo am besten?)
   Von einer ursprünglichen Absicht, Brut von Regenbogenforellen oberhalb von Odersberg in das Quellgebiet des Leyenbaches einzusetzen, sah ich ab, weil ich im Sommer – obwohl dieser nicht besonders trocken war – feststellte, daß hier der Bach doch sehr wenig Wasser führte. Im Sommer würden sich dort bestimmt keine Forellen halten können.

Fang

Es war ein regenreicher Winter, und noch im März zeigte der Bach eine Wasserfülle wie seit vielen Jahren nicht. Das führte wohl auch zur ersten Überraschung, nämlich zu Fängen starker Forellen (Bach- und Regenbogen-) bereits unterhalb von Arborn. Diese stammten mit Sicherheit nicht vom Besatz der letzten zwei Jahre – also Aufsteiger. Seltsam war jedoch, daß es ab dem Tonzufluß bis zur Brücke 5 (südlich von Nenderoth) erneut trotz genügender Wassermenge keinen Biß gab. Von der Mündung des Leyenbaches in den Kallenbach ab (»Zusammenfluß«) standen wieder gute Forellen, hier verstärkt Regenbogenforellen, darunter vereinzelt große, die vier Jahre und älter waren.

Insgesamt gab es mehr Regenbogenforellenfänge als im Jahr zuvor. Als im Frühsommer das Wasser wieder abnahm, verschwanden die Forellen oberhalb des Zusammenflusses, hielten sich aber ab dort, darunter viele, die einwandfrei zum Besatz des ersten Jahres gehörten.

Interessant waren auch Frühjahrsbestände in einigen Nebenrinnsalen, wie dem oberhalb der Schlichtsmühle und dem unterhalb des Sauerbrunnens, darunter welche von 25 cm.
In der weiteren Saison gab es dann brauchbare Fänge – vor allem ab Brücke 13. In dem sehr trockenen Hochsommer

Das Fangergebnis im zweiten Jahr sah im einzelnen wie folgt aus:

Größe	500 g und größer		um 400 g		300 g und weniger		Sa entnommen		zurück		Sa Fänge			Sa/Sa
Art	R	B	R	B	R	B	R	B	R	B	R	B	S	
Angel	4	–	10	4	37	25	51	29	34	511*	85	80	1	166
Hand	–	1	–	5	–	22	–	28	–	–	–	28	–	28
Sa.	4	1	10	9	37	47	51	57	34	511	85	108	1	194

1* = eine 15 cm große Mühlkoppe
S = Sonstige (weiterere Erklärungen in Übersicht S. 80)

verschwanden jedoch mit dem Wasser immer mehr die größeren, und Untermaßige gingen vermehrt an die Angel. Ich machte daher in den Monaten August und September eine Fangpause.

Kontrollfänge im Herbst gaben jedoch kein neues Bild. Überall ab Zusammenfluß untermaßige Forellen, wobei Bachforellen überwogen. Schuld daran hatte sicher der immer noch schlechte Wasserstand. Saiblingsfänge gab es immer noch nicht.
Die Handfänge des Pächters – nur aufwärts bis zur Schlichtsmühle – erbrachten wiederum die Erfahrung, daß vordringlich Bachforellen gefangen wurden. Der Pächter stellte erneut einen guten Krebsbestand fest.
Interessant war der Fang einer erstaunlich großen Mühlkoppe im Gumpen nach dem Wehr E. Ich hatte jedoch bereits unterhalb der Brücke 13 im Frühjahr Mühlkoppen bemerkt.

Beurteilung

Rein zahlenmäßig ein zufriedenstellender Fang. Die Fänge besonders großer Forellen im Frühjahr im oberen Teil des Pachtgewässers hingen sicher mit dem starken Wasserstand im Winter und der Laichtätigkeit zusammen. Eine Bestätigung, daß Forellen bei hohem Wasserstand auch bisher gemiedene Strecken bevölkern und sie nach der Laichzeit nur langsam wieder die unteren Bachabschnitte aufsuchen. Der Besatz des ersten Jahres wurde spürbar, insbesondere bei den Regenbogenforellen, denn von diesen waren in den Jahren

Von links bis rechts unten: Oberhalb der Brücke 1, unterhalb der Brücke 3, unterhalb der Brücke 9 (Leyenbach) und unterhalb der Brücke 12 im Winter. Interessant der Vergleich des letzten Bildes zu dem der Seite 78.

zuvor keine Jungfische eingesetzt worden. Die großen Teichforellen, die ich im vorigen Jahr fing, waren vermutlich Ausreißer aus Fischteichen. An Regenbogenforellen fing ich im zweiten Jahr fast doppelt so viele wie im ersten. Aus diesem Regenbogenforellenbestand ließ sich auf ähnliches bei den Bachforellen schließen. Der Fang der Regenbogenforellen zeigte erneut, daß diese Salmonidenart nicht viel stärker abwanderte als die Bachforelle; sie liebt jedoch offenbar etwas mehr Wasser über dem Rücken.

Die Saiblingsbrut des ersten Jahres schien nicht überlebt zu haben. Anderenfalls hätte es Fänge Untermaßiger geben müssen, da sie als Eineinhalbjährige im Herbst des zweiten Jahres etwa 15 cm Länge erreicht hätten. In dieser Größe gehen aber Saiblinge schon kräftig an die Angel. Entweder

Hier kann nur die Treibangel eingesetzt werden – an den tieferen Stellen geht auch der Blinker.

Das Wehr C im Winter, Frühjahr und Sommer in normalem Jahr. Wenn dazu noch extreme Wetterverhältnisse (plötzliche Schneeschmelze, trockener Sommer) auftreten, sind die Unterschiede noch krasser.

war also die Besatzstelle schlecht gewählt, oder der Ton-Zufluß ist wirklich eine Sperre, oder Brut kommt wegen der Abwässer nicht hoch. Ich beschloß, im dritten Jahr einjährige Saiblinge unterhalb des Wasserfalles einzusetzen und damit einen Versuch in anderer Größenordnung zu wagen.

Insgesamt hatte sich das Bild des Baches weiter geklärt:

- Bei hohem Wasserstand gehen größere Forellen bis in seine Quellgebiete.
- Bei ablaufendem Wasser verschwinden die großen bis zur Brücke 13.
- Bei größerer Sommer-Trockenheit stehen sie sogar nur ab Zusammenfluß oberhalb der Schlichtsmühle.
- Untermaßige Forellen stehen jedoch das ganze Jahr über ab Zusammenfluß Kallenbach/Leyenbach.
- Mühlkoppen und Krebse befinden sich im Bach, Döbel dagegen nicht.

Die Kapazität des Baches hängt offenbar – wie gewiß bei allen Bächen – besonders mit der Wassermenge zusammen. Bei vermehrten Fängen im Frühjahr und Frühsommer scheint sie noch höher zu liegen, als es die Fangzahl von rund 200 ausweist. Ich beschloß daher, im dritten Jahr 300 einjährige Bach- und Regenbogenforellen und 100 einjährige Saiblinge einzusetzen. Außerdem würde ich vermehrt Fänge in den Monaten April/Mai vornehmen.

Drittes Jahr

Besatz

Der Besatz konnte wie geplant erfolgen. An Regenbogenforellen setzte ich 200 Einjährige beim Zusammenfluß ein. Da ich 100 zweijährige Bachforellen als Geschenk erhielt, setzte ich diese anstatt der geplanten Einjährigen ein, und zwar an zwei verschiedenen Stellen. Die Saiblinge kamen bei Brücke 10 in den Leyenbach.

Der Winter hatte nur geringe Schneefälle gebracht, so daß es kaum ein bemerkbares Schmelzwasser gab. Im Gegenteil: Das Frühjahr war so trocken wie (gemäß Zeitungsberichten) seit 40 Jahren nicht, und die Bäche wurden zu Rinnsalen. Ein Besatz oberhalb des Zusammenflusses wäre daher für einjährige oder gar zweijährige Forellen völlig unsinnig gewesen. Ich hatte Sorge, ob sich die zum Teil schon über 20 cm großen Bachforellen halten würden.

Fang

Die Frühjahrsfänge waren eine große Enttäuschung; fast nur kleine, untermaßige. Auch an den besten Fangstellen selten ein Biß; etwas, das es noch nie gegeben hatte. Sicher, das Wasser war gering wie nur im trockenen Hochsommer, aber konnte das der alleinige Grund sein? Bis Ende Mai hatte ich nur sieben maßgerechte Forellen – davon sechs Regenbogenforellen – gefangen. Ich beschloß, bis zum nächsten größeren Regenfall zu warten.

Es kam aber kein Regen in diesem Sommer. Insgesamt wurde es ein trockenes Jahr wie seit hundert Jahren nicht. Schließlich ging es nur noch um das Überleben der Bachstrecke. Das Umkippen zu einem toten Gewässer war die Hauptsorge, da die Abwassermenge im Verhältnis zum guten Wasser immer ungünstiger wurde. Die Sommerfänge waren entsprechend. Die großen Forellen verschwanden; an die Angel gingen nur noch untermaßige. Von den Saiblingen gab es keine Spur.

Die letzten drei Monate ging ich nicht mehr zum Fang an den Bach. Auch der Pächter verzichtete auf Fänge mit der Hand. Es war ein Trauerspiel.

Beurteilung

Das anormal trockene Jahr – in ihm verdorrten 150 Jahre alte Buchenbestände – warf alle Berechnungen und Planungen um. Die für dieses Jahr vorgesehenen ersten Betrachtungen über die Durchschnittskapazität der Pachtstrecke können nur sehr unvollkommen vorgenommen werden; statt der notwendigen drei stehen nur zwei Jahre zur Verfügung. Um nicht weitere drei Jahre warten zu müssen, wird dennoch der Versuch einer sehr groben Berechnung unternommen.

Im ersten Jahr waren 103 Fische entnommen worden, im zweiten 108. Da der Fang von Untermaßigen im zweiten Jahr von 60

Die Fangergebnisse im dritten Jahr stellten sich im einzelnen wie folgt dar:

Größe	500 g und größer	um 400 g	300 g und weniger	Sa entnommen	zurück	Sa Fänge	Sa/Sa
Art	R B	R B	R B	R B	R B	R B	–
Sa.	– 1	2 3	7 8	9 12	13 7	22 19	41

(ersten Jahr) auf 86 gestiegen war und im gleichen Jahr Fangpausen eingelegt werden mußten, scheint 100, höchstens 150 die Fangkapazität der Bachstrecke zu sein. Der Besatz von 630 Einjährigen im ersten Jahr hat sich im zweiten nicht ausgezahlt. Er war wohl etwas überzogen. Somit genügt vermutlich für diese Strecke ein jährlicher Besatz von rund 400 Einjährigen. Sehr bedauerlich empfand ich den durch das trockene Jahr sinnlos gewordenen Besatz mit 200 fast fangfähigen Bachforellen. Das Jahr der Dürre war aber nicht vorauszusehen, und bei der jetzt ermittelten Grobkapazität von höchstens 150 auch wohl etwas zweifelhaft, ob sie sich bei günstigerem Wasser gehalten hätten.
Die fehlenden Saiblingsfänge erbrachten nun den Beweis, daß aus dem ersten Brutbesatz nichts hochgekommen war – vermutlich auch vom zweiten nichts. Ich würde also künftig keine Kleinstbrut mehr einsetzen. Zur schnelleren Regenerierung des Baches setzte ich bereits im Herbst beim Zusammenfluß unterhalb der Brücke 5200 vorgestreckte Bachforellenbrut (5 bis

An derartigen Steilwänden nisten Eisvögel – oben: nach der Schneeschmelze, rechts: der Wasserstand im Sommer (Nähe Sauerbrunnen).

7 cm) ein und beabsichtigte, im Frühjahr noch je 100 Saiblinge und Regenbogenforellen folgen zu lassen.
In diesem Jahr bemerkte ich vermehrt Eisvögel. Das geringe Wasser erleichterte ihnen vermutlich ihre Fänge; sicher mit ein Grund, daß die kleinen Fische – eingesetzt wie natürlicher Nachwuchs – nicht so richtig aufwuchsen.
Insgesamt war das Jahr eine Katastrophe. Aber mit diesen – Totalverschmutzungen müssen auch dazu gerechnet werden – muß ein Pächter kleiner Bäche leben.

An dieser Wasserkugel (Mitte, rechts) hängt ein Blinker. Hat die Strömung sie weit genug getragen, werden sie eingezogen. (Bei Sauerborn-Mühle im Frühjahr.)

Viertes Jahr

Besatz

Ich setzte 150 Regenbogenforellen und 100 Saiblinge am Zusammenfluß unterhalb der Brücke 5 ein. Da einjährige Forellen inzwischen sehr teuer geworden waren, machte ich mit 200 vorgestreckten Bachforellen (ca. 7 cm) im Herbst den ersten Versuch unterhalb des Wehres C.

Fang

Im Frühjahr gingen fast nur Regenbogenforellen an die Angel, davon aber nur wenig wirklich große. Trotz starken Schmelzwassers und eines regenreichen Frühjahrs schienen nur einige große Forellen aufgestiegen zu sein. Vielleicht lag es an dem sehr hohen Wehr im mittleren Streckenabschnitt des Gesamtbaches; ich hatte schon immer Zweifel, ob es für Forellen möglich ist, dies zu überwinden. Unerwartet war das völlige Fehlen von Forellen oberhalb der Brücke 5, im Leyenbach und vor allem oberhalb und unterhalb des Wehres E. An diesem Wehr vermutete ich Schwarzfischerei, da diese Strecke – insbesondere der Gumpen unterhalb des Wehres – bisher immer gute Fänge erbracht hatte.
Der Sommer war viel regnerischer als das Jahr zuvor, und damit stiegen auch die Fänge. Im August, vermehrt im September fing ich auch die ersten Saiblinge, davon zwei größere, die bestimmt zum Besatz der vergangenen Jahre gehörten.
Im Herbst wurden die Fänge immer besser. Im Oktober bissen starke Forellen direkt unter dem Zufluß aus der Tongrube, der jedoch in diesem Jahr durch Erweiterungen der Klärteiche geringer geworden war; auch im Leyenbach ab Brücke 10 standen starke Forellen. Unterhalb des Wehres E jedoch fast nichts.

Beurteilung

Besonders erfreulich war die schnelle Regenerierung des Baches nach der Jahrhunderttrockenheit des Jahres zuvor. Im Grunde war dies aber die Bestätigung einer alten Erfahrung, daß einmalige, auch noch so tief eingreifende Störungen im Biotop eines Baches durch die Natur schnell, sehr schnell behoben werden. Es zeigte sich der Bach im vierten Jahr, als hätte es die Katastrophe des dritten überhaupt nicht gegeben. Wo kamen nur so schnell die Forellen her? Es war, als hätten sie nur gewartet – vermutlich in der Lahn – bei besserem Wetter wieder in »ihren« Bach aufsteigen zu können.
Die zweite frohe Botschaft war der Fang

Die Fangergebnisse des vierten Jahres:

Größe	500 g und größer		um 400 g		300 g und weniger			Sa entnommen			zurück			Sa Fänge			Sa/Sa
Art	R	B	R	B	R	B	S	R	B	S	R	B	S	R	B	S	–
Sa.	3	6	19	6	36	11	14	58	23	14	52	19	9	110	42	23	175

S = Saiblinge
Der Pächter hatte aus persönlichen Gründen in diesem Jahr nicht gefischt.

Hier läuft eine Treibangel – im hinteren Teil des Baches (am linken Bildrand) ist die Wasserkugel erkennbar (oberhalb des Wehres E im Frühjahr).

Oberhalb der Brücke 13 im Sommer.

Ebenfalls die Brücke 13 (im April). Das milchige Wasser weist auf Tonbeimischungen aus der Tongrube südlich von Arborn.

der ersten Saiblinge, zwei der Größe nach sogar vom Besatz des dritten Jahres oder der Brut der Jahre eins und zwei. Letzteres glaube ich zwar nicht, war aber auch nicht sicher. Es würde mir nun auch nicht mehr glücken, festzustellen, ob Brut in diesem Gewässer aufwächst oder nicht. Versuche an anderen Bächen ergaben aber, daß heute so gut wie nichts an Brut hochkommt oder nur in einem so geringen Prozentsatz, daß sie im Vergleich mit der Entwicklung fangfähiger Forellen noch teurer kommt als einjähriger Besatz. Saiblinge schienen sich aber im Bach zu halten – immerhin ein klarer Erfolg.

Zu begrüßen war auch das Nachlassen des Tonzuflusses; ich sah daher voller Hoffnungen dem fünften Jahr entgegen. Natürlich sollten neben Regenbogenforellen auch wieder Saiblinge eingesetzt werden. Bachforellen hatte ich ja schon im Herbst eingesetzt, und zwar in einer höheren Zahl, da die Fänge an Bachforellen nachgelassen hatten. Sicher spielte hierbei eine Rolle, daß der Pächter in diesem Jahr nichts mit der Hand fing – und es wären in der Masse Bachforellen gewesen. Aber auch mit der Angel fing ich weniger als in den ersten Jahren meiner Beobachtungen. Ich mußte der Frage nachgehen, ob es nur am Besatz lag.

Aufgrund der Fänge unterhalb von Arborn und an der Brücke 10 beschloß ich, kommendes Frühjahr den Besatz dort vorzunehmen. Weiterhin plante ich einen Beobachtungsschwerpunkt an dem unteren Teil der Pachtstrecke, in der Hoffnung, der Wildfischerei dort ein Ende zu bereiten. Ich orientierte davon auch das zuständige Forstamt und bat um Unterstützung.

Hinweis auf Naturschönheiten, die letzten Naturreservate in unserer zersiedelten Landschaft.

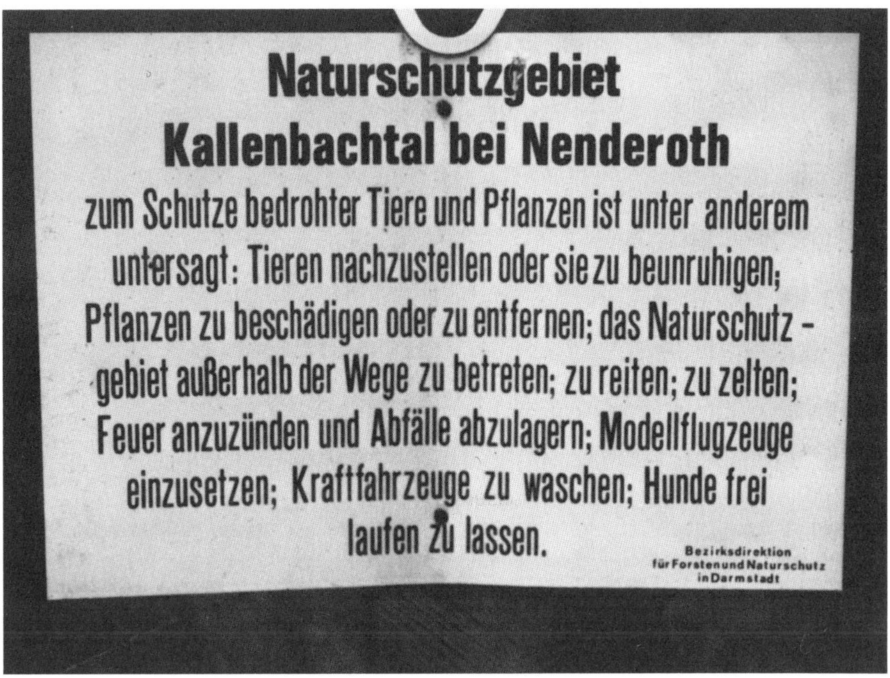

Naturschutzgebiet
Kallenbachtal bei Nenderoth
zum Schutze bedrohter Tiere und Pflanzen ist unter anderem untersagt: Tieren nachzustellen oder sie zu beunruhigen; Pflanzen zu beschädigen oder zu entfernen; das Naturschutz - gebiet außerhalb der Wege zu betreten; zu reiten; zu zelten; Feuer anzuzünden und Abfälle abzulagern; Modellflugzeuge einzusetzen; Kraftfahrzeuge zu waschen; Hunde frei laufen zu lassen.
Bezirksdirektion
für Forsten und Naturschutz
in Darmstadt

Fünftes Jahr

Frühjahr Besatz

Wegen der Saiblingsfänge im vierten Jahr setzte ich 150 weitere einjährige Saiblinge direkt unterhalb von Arborn ein. Weiterhin kamen 200 einjährige Regenbogenforellen bei der Brücke 12 in den klaren Leyenbach. Zusammen mit den 200 vorgestreckten Bachforellen, die ich im Herbst zuvor am Zusammenfluß eingesetzt hatte, erschien mir das (550 Forellen!) ausreichend.

Fang

Es gab einen sehr schneereichen Winter und als Folge davon starkes Wasser im März und Anfang April. Es war so stark, daß ich mir Sorgen um den Herbstbesatz machte. Ende April zeigte sich jedoch der Bach schon wieder normal. Der Sommer war zwar regnerisch, brachte aber nicht viel Wasser, da die Güsse immer nur kurz und dünn waren. Der Herbst war sehr trokken.

Der Frühjahrsanfang war enttäuschend. Zwar standen stärkere Forellen bis kurz unter Arborn und im Leyenbach bis zur Brücke 11, aber sehr vereinzelt. In den größeren Gumpen und damit guten Fangstellen im unteren Teil des Loses waren kaum Fische. Ich vermutete Schwarzfischerei, konnte es aber nicht beweisen. Das erfreuliche waren jedoch erneut Fänge guter Saiblinge direkt unter Arborn. Sie standen also immer noch dort und dachten gar nicht daran, sich zu verteilen.

In diesem Jahr begann ich, untermaßige Forellen zu numerieren, bevor ich sie zurücksetzte. Die Wiederfänge zeigten im Laufe des Jahres folgende Ergebnisse:

- Unterhalb des Wehres E fing ich keinen oberhalb numerierten Fisch.
- Im April numerierte fing ich später weiter unterhalb.
- Ab Mai numerierte verblieben das ganze Fangjahr an gleicher Stelle.
- Der Zuwachs war durchschnittlich ein Zentimeter (!) pro Monat.

Die Fänge ab Sommer entwickelten sich günstiger. Insbesondere zeigte sich ein guter untermaßiger Bestand an Forellen. Er war besser als das Jahr zuvor. Auch der mit der Hand fangende Pächter war zufrieden. Neben Krebsen spürte er hierbei auch viele kleine Bachforellen auf. Sie waren in der Größe von ca. 5 cm und konnten somit doch nur von einem natürlichen Nachwuchs stammen, denn die im Herbst eingesetzten Bachforellen mußten ja schon doppelt so groß sein.

Der erste Versuch, mit Krebstellern den Krebsbestand zu überprüfen, brachte ein positives Ergebnis. Ich fing an einem Sommerabend - erst bei völliger Dunkelheit kamen sie - mit nur zwei Tellern acht Krebse, darunter einen von 28 cm (!) Länge. Ich setzte alle wieder zurück. Gleichzeitig ausgelegte Aalangeln brachten keinen Erfolg.

Mit der Abnahme des Wassers im Herbst nahmen auch die Fänge wieder ab; insgesamt war es aber ein gutes Jahr.

Einschließlich der Handfänge des Pächters waren es (siehe unten):

Größe	500 g und größer		um 400 g			300 g und weniger			Sa entnommen			zurück			Sa Fänge			Sa/Sa
Art	R	B	R	B	S	R	B	S	R	B	S	R	B	S	R	B	S	–
Sa.	6	2	20	5	2	22	12	10	38	19	12	63	33	4	116	52	16	184

Beide Fotos zeigen den zwischen Sauerborns- und Schlichtsmühle gelegenen Gumpen bei unterschiedlicher Wassermenge. Leider ist ein Flugangeln hier nicht möglich, da Stacheldraht quer über diese Stelle gezogen worden ist.

Brücke 5 im Winter . . .

. . . und zur Frühjahrsschmelze.

Herbstbesatz

Da die Fänge unterhalb der Schlichtsmühle trotz der dort guten Stellen gegenüber den Jahren zuvor nachgelassen hatten, setzte ich etwas oberhalb dieser Mühle im Herbst 200 etwa 10 cm lange Regenbogenforellen ein. Sorgen in Hinsicht dieses Besatzes - und auch der früheren - bereiteten mir die immer reichlicher auftretenden Eisvögel. Es verging fast kein Fangtag, an dem ich sie nicht sah.

Beurteilung

Der Rückschlag des extrem trockenen dritten Jahres dieser Beobachtungsreihe kann nunmehr als überwunden bezeichnet werden. Der sich besonders in diesem Jahr zeigende gute Nachwuchs verspricht erfolgreiche Fänge für die folgenden Jahre. Die Saiblinge gehören nun wohl zum festen Bestand des Baches, wenngleich es erstaunlich ist, wie wenig sie sich vom Besatzort (vor vier Jahren!) unterhalb von Arborn verteilen. Diese aber auch durch die Numerierung feststellbare Standorttreue der Bachsalmoniden läßt es angebracht sein, nicht immer nur im oberen Teil des Loses einzusetzen. Das Wehr E scheint auch für abwandernde Fische eine gewisse Sperre zu sein.

Unter dieser Weide steht bestimmt eine Große.

Ergebnisse und Ausblicke

Die Einteilung des Kallenbaches in Besatz- und Fangabschnitte für ein bestimmtes Jahr – sie wechselt jährlich. (s. Seite 104)

Der hier beschriebene Streckenabschnitt des Kallenbaches zeigte sich in fünf Jahren intensiver Beobachtung als ein etwas wasserarmes, aber gutes, wenn auch empfindliches Gewässer, das allen drei Salmonidenarten Lebensmöglichkeiten bietet. Als Beifisch fand sich nur die Mühlkoppe. Krebse wurden festgestellt, Aale scheinen nicht bis in dieses »Los« aufzusteigen. Drei größere Wehre zeigen sich als Sperre für das Wandern der Fische zumindest in den wasserärmeren Sommerzeiten. Als Kapazität des Abschnittes kristallisierte sich die Zahl von gut 100 fangfähigen Forellen heraus, zu deren Erhaltung ein Besatz von 300 einjährigen Bachsalmoniden ausreichend erscheint. Saiblinge halten sich nur im obersten Teil. Der Leyenbach sowie die Strecke oberhalb des Wehres C sind im normalen Sommer keine Gewässer für größere Forellen. Natürlicher Nachwuchs, zumindest von Bachforellen, ist sicher. Die bereits im vierten Jahr ab Beginn der Beobachtungen erwartete Kläranlage ist immer noch nicht im Betrieb; zwar liegen die Rohre schon, der Bau der Anlage selbst ist jedoch noch nicht begonnen. Heute heißt es wieder »noch vier Jahre«.

Für den Fall, daß ich weiterhin diesen Abschnitt beobachten darf, plane ich einen jährlichen Besatz aller drei Arten in der Höhe von zusammen 300 einjährigen Bachsalmoniden, davon zum erstenmal auch Teile unterhalb des Wehres E, da die hier relativ wasserreiche Bachstrecke bis zur Brücke 14 bisher noch nie richtig genutzt wurde. Ich verspreche mir hier gute Ergebnisse aufgrund der Erkenntnisse, daß Forellen nie sehr weit von ihrer Besatzstelle abwandern. Auch werde ich die Pachtstrecke in vier Abschnitte teilen und den Besatz nur noch in einen zuvor von großen Forellen leergefischten Abschnitt - diesen jährlich wechselnd – eingeben.

Sorge bereitet mir die zu erwartende Wasserminderung, wenn die Abwässer in die an der Lahn liegende Sammel-Kläranlage abgeleitet werden. Ich fürchte dadurch vor allem im Sommer weitere Verödungen durch zu geringe Wasserstände.

Die Einteilung des Kallenbaches in Besatz- und Fangabschnitte für ein bestimmtes Jahr – sie wechselt jährlich.

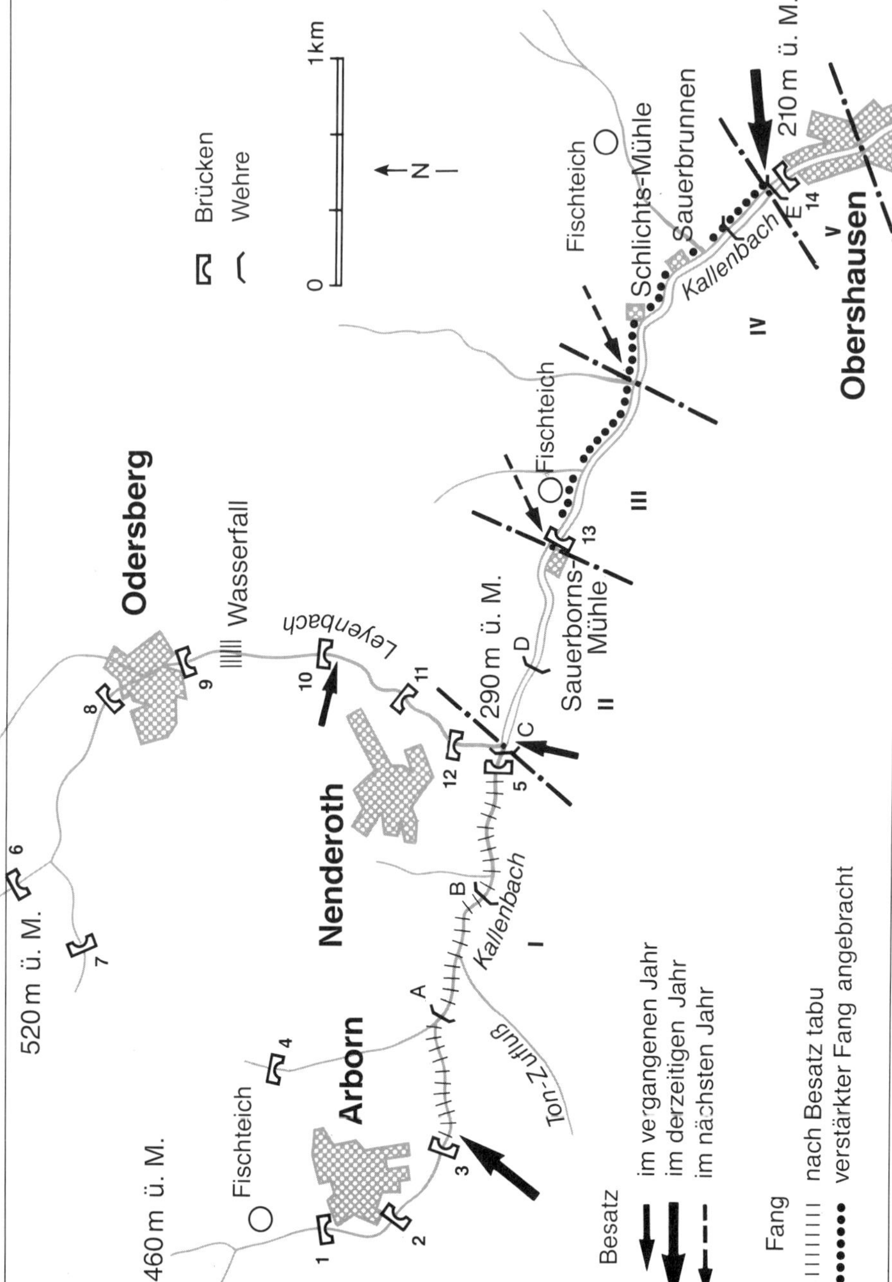

Zusammenfassung

Es gab drei Anstöße, die mich dieses Buch schreiben ließen.
Als erster der Wunsch, allen Fischfreunden etwas über die so oft verachteten kleinen Bäche zu berichten. Ich habe selbst in fast allen Gewässerarten gefischt, doch nie so viel Freude erlebt wie in diesen kleinen ökologisch abgeschlossenen Angelparadiesen, da sich hier Gestaltungsmöglichkeit mit Erfolgserlebnis paart.

Den zweiten Anstoß gab der Wunsch, den für diese Bäche zuständigen Behörden einige Bitten vorzutragen:

- Pachtstrecken sollten nicht zu klein bemessen werden – sechs Kilometer ist bei schmalen Quellgewässern und drei bei breiteren das Mindestmaß.
- Diese Gewässer eignen sich nicht für Massenangelei. Die hierdurch bedingte fehlende Kontrolle würde sie sehr schnell zerstören.
- Es sollte endlich das Ausfüttern und Begradigen der Bäche beendet werden, da hierdurch die Tierwelt im und außerhalb des Wassers völlig zerstört wird.
- Auch den Wünschen der Gemeinden nach längeren Verrohrungen der durch Ortschaften fließenden Bäche ist härter entgegenzutreten. Das Leben der Bachsalmoniden wird hierdurch sehr negativ verändert.
- Tongrubenbesitzer müssen besser überwacht werden, ob die Klärung ihrer Abwässer wirklich nach den Bestimmungen durchgeführt wird. Hierbei ist zu berücksichtigen, daß heute die Gruben zumeist zwei- bis dreifach größer sind als zur Zeit der ursprünglich gegebenen Auflagen.
- Auch Industriebetriebe (Molkereien!) im Wassereinzugsgebiet des Baches müssen besser überwacht werden. Unfälle oder ungeklärte Reinigungsabwässer führen grundsätzlich zum totalen Absterben des Lebens in diesen kleinen Gewässern.
- Die Menge der genehmigten Teichanlagen muß begrenzt bleiben, um die Wassermenge eines Baches nicht zu stark zu verringern und aufzuwärmen.
- Es sollte endlich die Trockenlegungspolitik beendet werden. Alle Wissenschaftler weisen immer wieder auf die damit verbundenen Gefahren hin. Warum sie, wie die schon erwähnten Ausfütterungen und Begradigungen der Bäche, trotzdem noch heute von den Behörden vorgenommen werden, bleibt unverständlich.
- Es muß sehr schnell eine Grundsatzentscheidung getroffen werden, ob Wärmepumpenanlagen gezielt auf Bachwasser – wie sie sich in einigen Dörfern schon abzeichnen – hinsichtlich zu erwartender hoher Wasserentnahmen und Anlagen der hierfür notwendigen Stauwehre kleinen Bächen so schädlich werden können, daß sie für Laichzwecke untauglich werden. Grundsätzlich sollte kein wirtschaftlicher Fortschritt durch Umweltzerstörungen erkauft werden, zumal es hier Alternativen (Erdreich, Grundwasser, Luft) gibt.
- Mag einzelne der genannten Punkte der eine oder andere Bach verkraften, in der Summierung – und die gibt es heute schon bei vielen Bächen – wirken sie lähmend, ja tödlich für die Ökologie in und um diese Gewässer.
- Die in Pachtverträgen aufgelegten Besatzzahlen sind oft zu hoch bemessen.

Und schließlich möchte ich mit diesem Buch all denen, die das Glück haben, eine Pachtstrecke hegen zu dürfen, zurufen: Gehen Sie mit viel Geduld, Behutsamtkeit und Liebe zur Natur an diese Paradiese.

Ein Hänger oberhalb des Wassers – die »Freuden« des Fluganglers (siehe auch rechte Seite). Aber auch bei anderen Fangverfahren gibt es sie zahlreich – nicht nur oberhalb.

Im einzelnen empfehle ich:

- Kontrollgänge – auch in der Schonzeit – so oft wie möglich.
- Ahnden Sie alle erkennbaren Verstöße, vor allem Umweltverschmutzungen.
- Wenn es das Los erlaubt, machen Sie Versuche mit Saiblingsbesatz.
- Durchschnittlich genügt ein jährlicher Besatz von 150 einjährigen Forellen pro Kilometer gemessen an auch im Sommer befischbaren Abschnitten.
- Verteilen Sie den Besatz zehnerweise, es sei denn, Sie nehmen zuvor von großen Forellen leergefischte Abschnitte.
- Beginnen Sie mit den Fängen von Bachforellen am 1. April und erst am 1. Mai von Regenbogenforellen. Beenden Sie sie am 30. September (Bachforellen) bzw. 31. Oktober.
- Grundsätzlich nur dort mit der Fliege fischen, wo es möglich ist.
- Versuchen Sie, die Kapazität ihres Loses zu ergründen.
- Aus futterreichen Bächen Forellen erst ab 28 bis 30 cm entnehmen.
- Wenn das Wasser gut erscheint (Quellgewässer!), machen Sie Versuche mit Besatz von Krebsen.
- Halten Sie die Aale kurz in ihren Gewässern.
- Ein Zufüttern begrenzter Mengen zahlt sich aus.

Nachwort

Jeder Bach ist nach Futterangebot, Dekkungsmöglichkeiten, Verunreinigungen, Zahl der Fischteiche, Gumpen und Wehre sowie nach seinem Unterschied zwischen Hoch- und Niedrigwasser anders. Das gilt auch für Bäche, die nahe beieinander liegen. Außerdem überraschen Forellen auch heute noch durch ihr Verhalten. Hierdurch stellt jede Pachtstrecke ein neues Erlebnis dar, und das macht ihren Reiz aus. Wäre alles berechenbar, gäbe es nur halb soviel Freude.

Die Fliegenfischerei stellt bei Bachsalmoniden den Höhepunkt dar. Ich wollte mit diesem Buch aber auch überzeugen, daß die Angelei mit Blinker und Treibangel auch sportlich sein kann, natürlich nur dort, wo Flugangeln nicht möglich ist.

Wer einmal einen Vormittag mit der Treibangel an einem dieser zugewachsenen kleinen Bäche – und es gibt Tausende hiervon – diesen munteren und schönen Fischen nachgestellt hat, weiß, welch sportliche Leistung auch das sein kann und welch »Trimm-dich«-Erlebnis er hinter sich hat. Als Köder sollte hierbei aber – soweit irgend möglich – Naßfliegen oder Nymphen genommen werden, um Verbisse Untermaßiger weitgehendst auszuscheiden.

Daneben hoffe ich aber auch, Kenner dieser Angelfischerei durch die Darlegungen meiner Art zu hegen und zu besetzen zu unterhalten und ihnen vielleicht Anregungen gegeben zu haben.

Es erscheint mir auch zur Verbesserung unserer Umwelt wichtig, diese bisher etwas im Verborgenen blühende Angler-Freude zur breiteren Kenntnis zu bringen – in der Hoffnung, daß nunmehr weitere Bäche danach untersucht werden, ob sie durch Gewässerverbesserungen wieder zu guten Fischwassern aufgebaut werden können und damit beigetragen wird, weitere Angler auch in diesen Bereichen zu Wächtern unserer gequälten Umwelt werden zu lassen. Durch die vielen in Planung und Bau befindlichen Kläranlagen der Abwässerverbände zeichnet sich darüber hinaus die Hoffnung auf weitere saubere Bäche ab, die es lohnt, zu pachten.

Doch ist hierbei folgendes zu beklagen: Neben dem schon bisher festzustellenden Wassermangel durch immer stärkere Entnahmen seitens intensiver Landwirtschaft, durch immer größer werdende Dörfer, zahlreiche Fischteiche (Verdunstung) und die vielen Dränagen und Begradigungen (schnelleres Abfließen) kommt nunmehr noch ein weiterer Verlust durch das Ableiten des Brauchwassers der Haushalte und Industrie an weiter unten liegende Kläranlagen. Die Folge ist, die Bäche werden zwar sauberer, ihre Wassermenge jedoch immer geringer. Da sich aber Salmoniden nur dort dauernd halten, wo sie auch in trockenen Sommern mindest zehn Zentimeter Wasser über sich haben, verlagern sich die hier beschriebenen Bachabschnitte weiter abwärts in frühere »Barbenregionen«.

All diesen Pächtern und ihren Mitanglern wünsche ich viel Freude bei der Hege und dem Überlisten dieser lebendigen, eleganten und bunten Bachbewohnern!

Selten ist an den kleinen Bächen soviel Platz nach oben. ▷

Stichwortverzeichnis